源泰亮 撰

皇教 真洲鏡

蘭園田翁 集録

『脩心教餘師・皇教真洲鏡』原本

蘭園田翁集録

皇教 真洲鏡

望月堂藏板

序

新刊

冥洲鏡を取持て打仰ぎ清く
天海の道ハいそぢの弥姫季にし
御代ハ沖津藻(おきつも)を書を記しを尊(たふと)き
白き衣爰葦辺(こゝあしへ)河の事を字の出水を入れ神祇の乞
可治(おさまり)楽て言(こと)を挙(あげ)ぐ乃執筆飛岸人
我らつ書を撰者一篇を安くき之

要しばらく貴人事なれ以庭多象長
又ハ越しを琶（ろ）島（しま）濃（の）路して秋富乃
世代を季して九度ハ蔵遊の羽を
加之情が如く人情心も庭ゟずゑ理
一子家業りき程麻糸の如く乱れ羅
しが実（きこしこと）素るの雑て津（あまつ）神（かこ）祇（ぎ）清神
皇國（こくみ）を捧（ほそ）ル勤力孟して又神代ろ

立給ふ時来(きたり)て天照神祖(おや)の御計(ごけい)り

神乃ミこと時を異にし遠き徳を揚之

大觀(こゑろ)しきひ　御幣(にぎて)一洗(ひとあらひ)の政(まつりごと)蓬

大臣(おゝおみ)大連(むらじ)伴(とものを)男八十(やそ)伴(とものを)男(を)國(くに)造(みやつこ)伴(とものみやつこ)造

縣(あがた)主(ぬし)稲(いな)置(ぎ)と云(いひ)れるもの如く伸張

男内外國主大小名を顕之異

たゞし兎猿を継ぎ以神世人神世を叶ひ

孔孫ハ世ハ獨治孝子ヲ生死忠寧ハ止(やま)
皇帝申舜宇法以て忠孝を忠ほどと望て
清びの系(の)の以風つゞくよ治道参ハ神乃清
幸ひ孫増て千代迄も芽出度以寶氏
嗣達出現して是有も神代忠以政よ
しそ天ヶ下よは比ぶるしぬ事るきて産(うま)な
皇(ま)州(す)養(ゑ)の以鏡孝孫ハ以清しう此后

鏡の面(おもて)にうつし給ひゆきて再び神代
の古風(こそぶり)なる素樸かへり実に民をなをして
まう見合て有哉(?)広く補ひなるしもるてと
やうさへハ知難だもの雲もなく命(いのち)ながの
らへて五十鈴渡りたる宮柱太(ふと)き上古(まま)道
多く取集めしもあまる神代様
尋ねあぐみて見渡つ其ハ貴き恵(たふときめぐみ)有難哉(ありがたきかな)

神倭磐余彦命(かむやまといはれびこのみこと)と稱へ海川る奉

皇(すめらぎ)一代志ろし召名は阿し壽倭の主

君としては盤石(いはほ)の如(ごとく)安穏にして幾

萬代の昔より葉ゝも今も常盤(ときはな)る堅(かきく)

磐なる御代志ろしめして何里さゝくのみ

孫ゝにぞ何猶八ゑ孫迄祖(おや)も幾千代

忠孝昔ゟ今も幾久しく其業をさ守(うさ)るゝ

嗟しくも悔て其の子孫滅くは生死
越度八千八つ津神祇冥の条の照覧遁
朝廷の恩顧を軽経律男乃悪事あり
数多乃ミかとの御代を経今に至て絶え
出くる我か経六十年しかしなからに
兎にもかくにも舟を移して更に稲は仕へる
るをぞ治民乃営み見る為家の命る君之命

殖(た)て孝て後世ふ長く寿を遂来
して殖(たゆ)る中に孝らく興るるふ寄き寿
粥(かゆ)羹(あつもの)好きもの為殊に國乃為君に
為に其母殊様る人は文其母病中に
一時(ひときざみ)毎(よき)人と其孔好み孝蘇魂も加を売(え)
食(しき)也此月残暗(やこ)に立て只孝し一つば
に従ひ朝(あさ)孔子孝に向て鏡を磨(みが)き

て経に見ゆる形ほと道の誠をも由あし
まへのし皇鏡瓊威のしるしのよ耀後ら
いふもいはじかし今人の中に多く迷ひ
て君おやと親子も加ふ世をみだる怨の
利よ迷ふ心の虫のよ死ぬる人は黄泉の
の鬼となり再ひ此世を離るゝ
いふもことのみ故よ重き時よ梁春夜

略公交　節上

まことをつくさゝるを失思をかしなりと

も被をこゝろ寄得と思ふへく成る人ぬし有言

させ書集て世に小童をも悪をも被る

源泰亮撰

皇教真洲鏡序

凡書之無補於治化者。其文辭雖巧。不足觀也已。田嶋蘭園翁。老而好學。頃著皇教真洲鏡。其議論平正。文辭樸實。務使讀者知皇國之可尊。天命之可畏。因以崇良心而與於善行。翁之用意洵厚矣。翁乞

余序一。吁如二是書一。可レ不レ謂下有レ益二于世
教一者上乎。遂不レ辭而題二詹言於卷首一。

明治三年庚午六月中澣

駿河　本多幹撰

皇鏡脩心教

爰ニ此鏡と題せしハ意味深重なることなれはなり天皇太神の此躰の鏡ニ森羅萬象物として移らさるハなし七十五聲のこと其中ニいまた義と心得脩身齊家乃基を開くニある事

謹上禮拜言

右の脩心保家のことを述る故れ謹て禮拜し上り心中ニ深く祈念の意を生し左の祝を唱へ

天津祝詞　天地ノ御神内外御神顕起産得至八百萬ノ御靈如レ是ノ伊吹ノ内ニ諸ノ神ノ靈籠坐則ハ天ノ幣帛ニ奉レ納潔氣吹潔心ノ清キ心出奉レ納惡心曲心以ニ敏鎌ヲ打拂ヲ如レ事ノ悉治平斯平罪ヲ咎祟不レ籠ノ霜ノ旭ニ如レ消八百萬ノ神等小男鹿ノ八ノ御耳ヲ振立テ聞シ食セト申ス

此祝終りて吾信ずる所の諸神かそいろはを拝し其日〳〵の日業を治とむべし

天地三極者（アメツチミクサノモノ）

恩頼為報謝（ミタマノフユヲムクヒマツルトシテ）

恭惟太古事（ウヤミシクカミツヨノフトヲモヒマツリ）

渾沌不分濛（マロカレテナニノワキダメモナキ）

天と清ミ地と凝り造化産霊の諸神を生し
千万の物成り出て人に與へたまふ大恩頼を神代
のむかしより生とし蒼生るもの今に至りまで
の世まで日〻夜〻しばらくもかけず一呼一吸乃
氣吹に命をたもたれ萬の物を與へたまひは代〻の
大君は政り浴し鼓腹の世を過まて大恩頼を
かふむりまつることのかたき我責て忘まぬやう
朝な夕なにうや〳〵しく心付日より唱ふべし
顯若て惟るに古き事は人の知を以て窺ひ
議るべきに非ずと云へとも亦知覺せざんがある
べからず地をふみ天を戴き天人地の三位り
居て暗きより闇に行は如しむへきにいたるをや
渾沌とは量りなき氣海に満ちて濛き霧の
中に火水と土氣と相混して紫雲の象有なりし

無名又無為（ナモナクマタカタチモナシ）

無測天中主（ハカリカタキアメノミタマ）

是天地の始ふ〆て經年制煉の勞ある事明らかなきとなく只うつゆき雲相遂て濛朧たり妄ふ測り論ふ及ばさるハ主宰の說なり唐土ふてハ天帝と稱へ奉り本朝ふてハ天乃御中主と唱へ奉る火水未顯きたまハさる先の大御主なり

動靜幽顯定（ウゴクトシヅマルトウラヲモテサダマル）

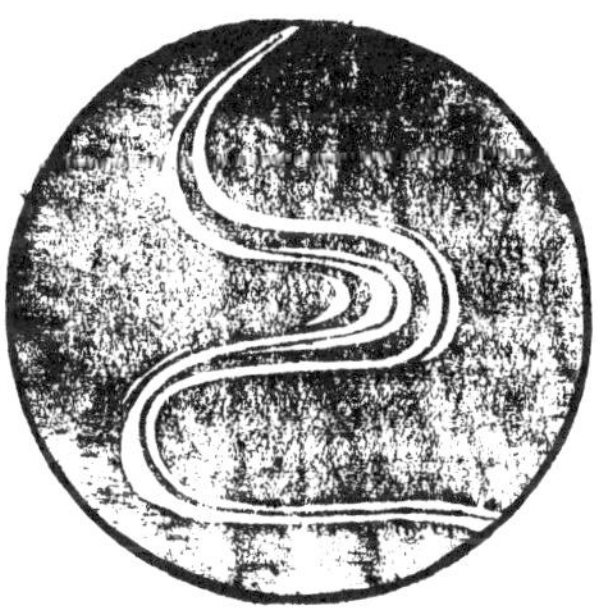

伊奘諾尊

伊奘冉尊

恒星盡火神（オホカタノホシハミナヒナリト云り）

常ふ星と見ゆるハ大陽同前の大火球也遠き故ふ星ふ見ゆる明界暗界と隔をなし滿天ふ周布せ

脩心教余師　二

受光ノ一恒星ヲ（コウクニ、ヒカリヲウクルヒトツノホシヲ）

奉稱ヘ大陽神ト（タヽヘマツリテアマツヒノカミトイウ）

赫々タル光明ノ中（イトアキラカナルヒカリノウチニ）

六曜回ル大陽ヲ（ムツノホシヒラマドヒテノクル）

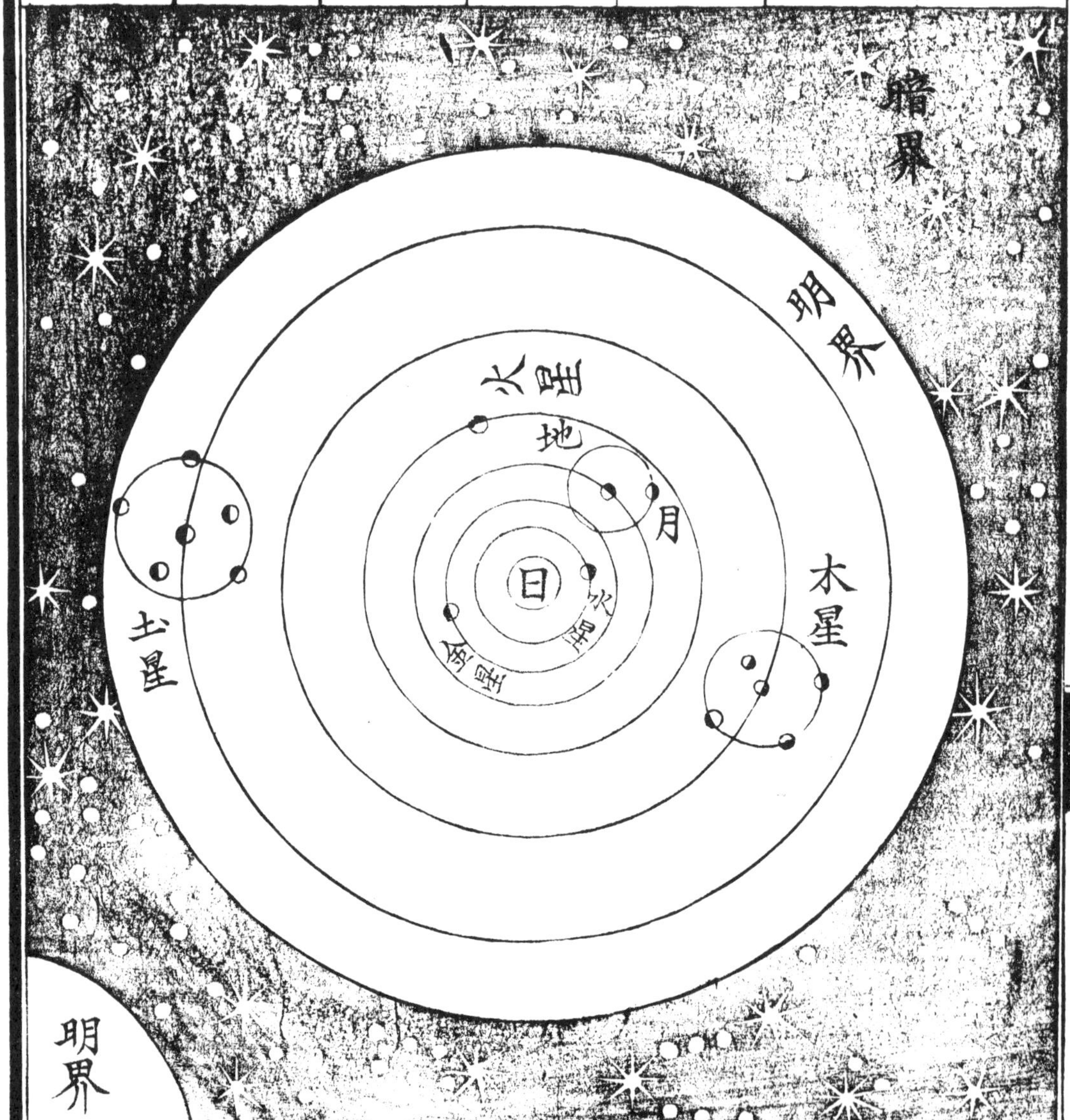

太古以潮包（ソノカミハウシホニテツヽマレタリト）

地體其一也（コノヨノナカモツノウチノヒトツナリ）

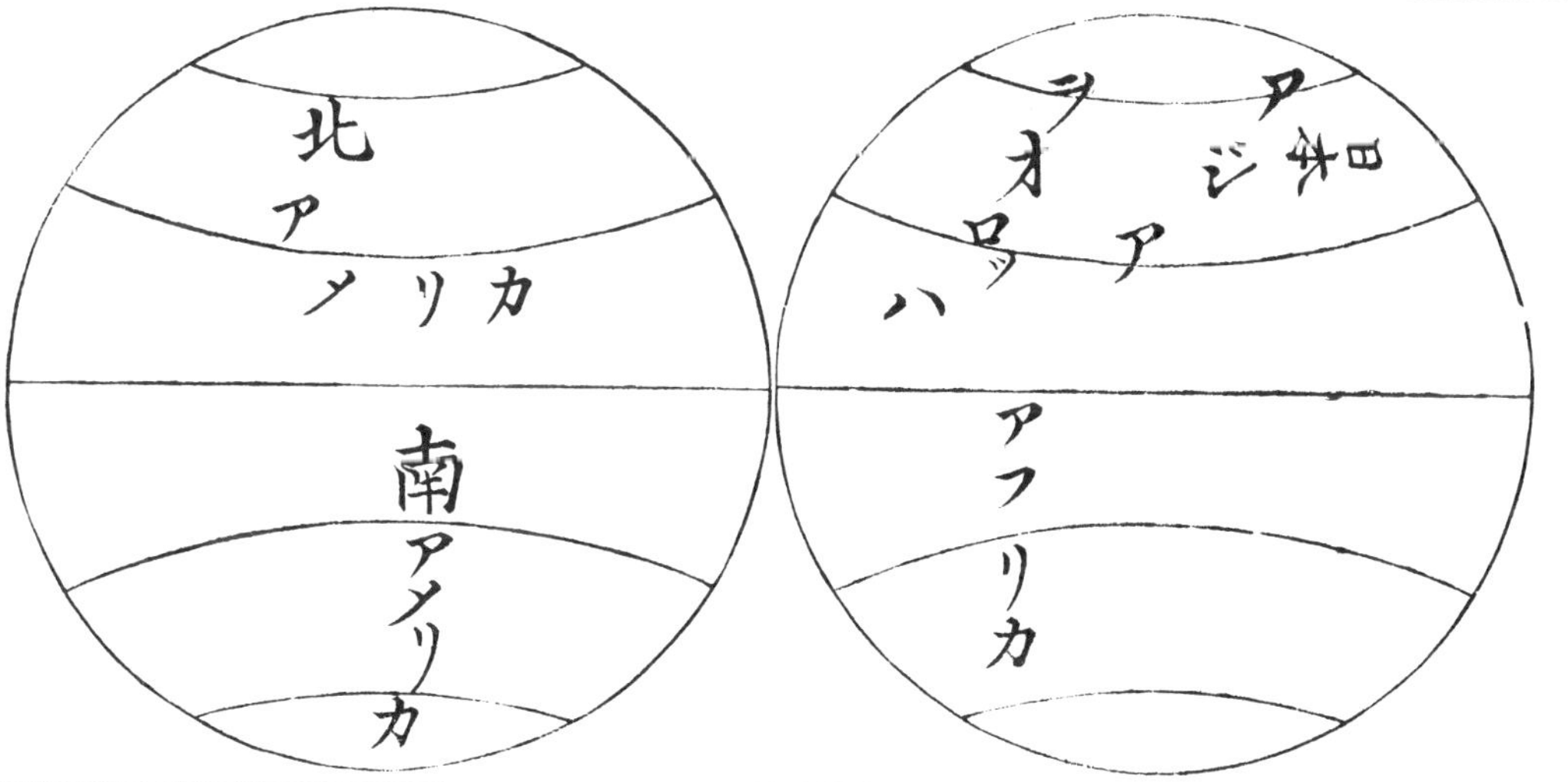

地球の全經本邦の道法ふして一万〇〇八十里平地よ人畜住居し大陽を真よして旋り三百六十五日三時余ふして冬至より冬至ふ一周する也地上十三里斗の天を雰圍といふ此天温暖ふして地を包護して人去らせて無事ふ旋り大陽ふ向背して晝夜ふ自轉する也

地球ハ擶円ふして玉子の如赤道より北へ十七里二十六歩長しといへり此大いなる祇つ神の御心を働し在ませば

旋轉回大陽
キサレウコキテヒヲメグル

斜絡成四時
ナヽメニマドヒテヨツノトキナル

南北極星備
ミナミトキタトニトコボシヅナハリ

黄白有中線
ヒ…コウニチニミツノスヂアリ

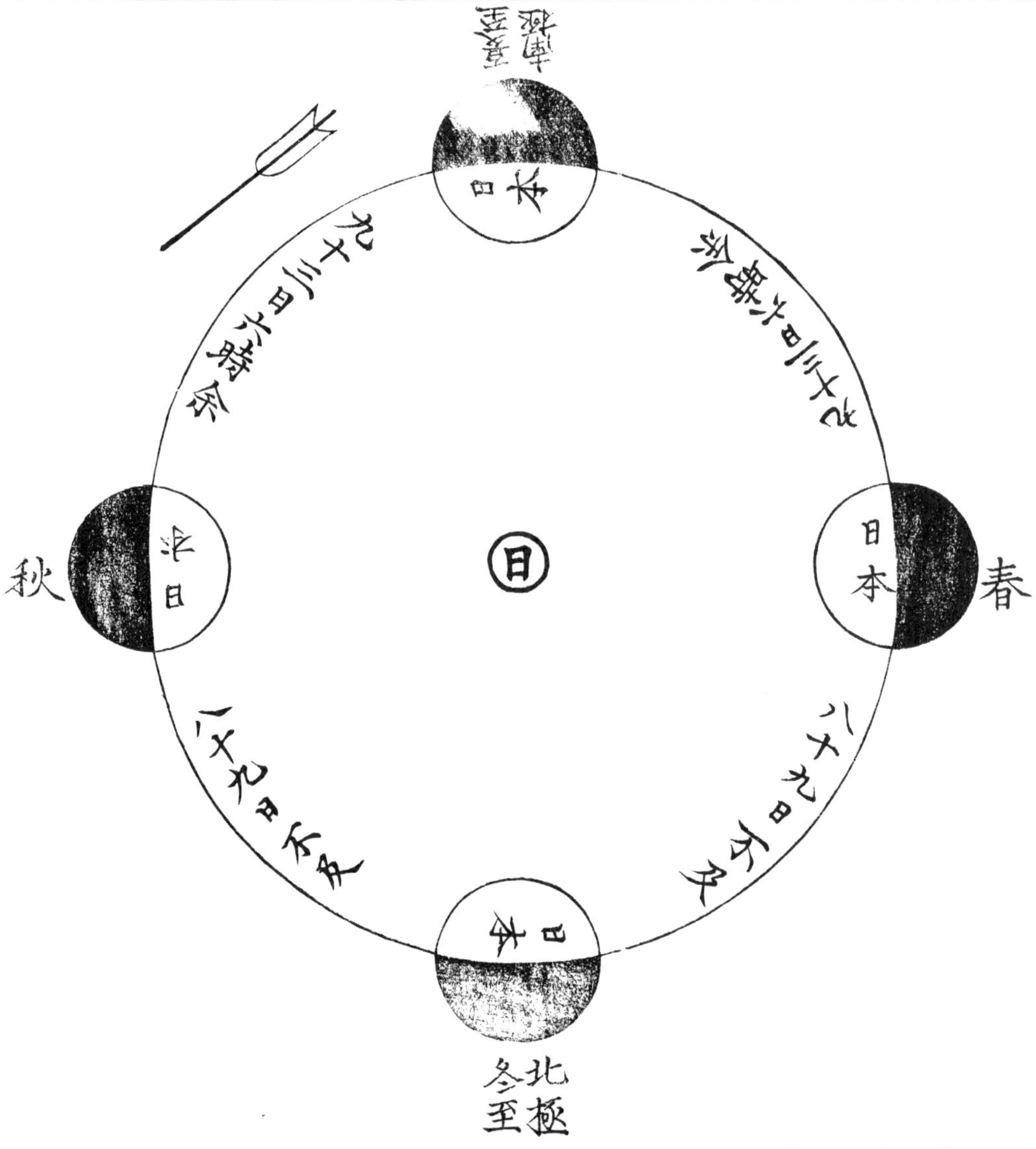

經年顯山頂

トシヲフルマヽニヤマノミ子ヨリアラハル

地球行環斜の訳ハ平畧ふても解しかたし委しくハ天文誌窮理通ホの書を讀て知る麁し畏くも親しく大陽を手製の遠鏡壹丈三尺なる器をもつて窺ひ奉るゟ炎々たる御體の面ふ固有の黒點三段ふ見へ凡廿日ふして自轉あり亦大陽乃四邉ゟ大豆位の地球象の黒點更るく来て御體の前面ふかゝる予一日大陽の前面ふ廿九の黒點を窺ることを得たり然ハ地より大陽までの間ふも左右前後ふ點其若干玳あるぞ外游星も是ふ准ぞ

大古潮をかつて包ミ年經次第ゟ潮涸て山ミの頂あらわれ浪ふもられて頂となるゟぬきして魚貝のるいも人よりさきハ生まれて海中に老て死老るハ志ふ其貝の中へ泥が入かそりて

漸々成海陸

ヤウ〳〵ニウミ又クガトナル

泥中に年を経て貝岩と化し山中より出る其徴なり年ふりては大海原も山となり貝のたゝめる岩もあり水上に浮る膏の如しと天津ミ神の見そなはししもむべなるかな其洲のあらはれのこりしは是山々のいたゞきとなり漸々年ふるまゝに潮涸て丘陵となれりむかしハふじ野ゝ裾にも浸みし水今も三保の松原に至る安政元寅の年の大震より俄に駿河の海ひきくなり清水の湊倉澤の里邊まで凡五尺ばかりも高くなり参河の濱まで三尺ばかりも深くなりたり

三山分六海

ミツハヤマ ムツハウミトナル

一領在平地

ヒトツワリハ ヒラチトナル

西哲地球の表を測量るに大洋海六分山岳を三分にして草木生し平地まで一分といへり其一分より人間禽獣住居すこれぞ其大概なり委しくは窮理通地表扁に論せり

又言如鶏子（マタイフトリノコノゴトシト）

只如朝霧中（アダカモアサギリノナカノゴトシトモ云リ）

清上陳爲天（スメルモノハノボリツラナリテアメトナリ）

濁自凝爲地（ニゴルモノハオノヅカラコリテツチトナリス）

いとそのかみ杳冥（ホノカ）なりし時より只一ッの機にて天と
さだまるべき物もなく地と云べき形もなく鳥の
子の如し海上の浮雲水上の膏とのたまひしも
大悟発明（ゴハツメイ）にあらざれば論ひがたし故あるかな
只霧の散ちりて香り満るのごとく此一ッの中に清
めるものハおのづから開きて天となり濁るものハ
處々に凝りて地と成ぬ天動き火顕れ地静
まりて水興（コ）る火水ハ是天地の御霊（イ）なり
此火水二ッの御霊（ミタマ）必結びて千萬の物生りて天地
の中に増減（ゾウゲン）榮枯（エイコ）して永世に絶ることなし是を
世の三極といふ此三物の源ハ微妙（ビメウ）霊妙（レイメウ）の故由
をしかりあらんとする先其三體をなしたる
水より興りて物の形體（ギヤウタイ）となり火ハ宿りて霊魂（レイコン）となる
なる故世ハ一つなるとあらハるるを形霊魂（レイ）ハ天より顕れ

斉心文余師　二

物の形體ハ地より興ると知るべし此一説ハ地の用と霊魂を云なるまことハ後参考の説あり

火水興周旋

火水興るの説ハ前論にある如し爰に周旋と云ハミ光を放ちゐる一界のうち若干の游星遠近遅速の行度吾地球をてらし兆民養の諸品を産出し夫々不足なく行届周旋なしたまふ大恩頼をつゝめなりされハ毎朝ミかまどに興り玉ふゆへ喰事を煮たきし玉ふ三寶大荒神なり

遥拝稱日月

大陽の全經三十一万里不及中距離二百六十万余り大陰の全經八百七十四里地を去ること九万六千余り也遥よ拝して寒暖雨露の程能を蒙り萬物を生し與へ玉ふ其徳廣太大慈の大元なり數へてもかぞへつくし難し報しても報しつくしかたしいと難有尊きの至り也

其形如大蛇（ソノカタチハヲロチノゴトシ）

大陽の御座を拝しまつる大蛇のわだかまりたるごとく炎々厳々恐を畏むの外他なし

真玄妙合化（マコトニクズシレキアリサマヲナセリ）

天地開け陽陰の神顕れまし給ひ造化諸神千萬の物を産出し給ひ人民生し河邊海濱より開けて既に究居巣柄を始め既に今に至り斯冨栄へしみ恩を感し奉る伏羲八卦を作り老子は玄の玄と云孔子は易の繋象文言を説き朱子は真成妙合を解産霊の変化を成給ふ大元也

富霏爾墨尊（ヲオヒルソノミコト）

又の御名を皇太神と尊敬し奉る六合のうちに照徹りて光明行届かさることなき恵を申く

子鈇郁蜜命（ツキヨミノミコト）

地を旋りて少しも怠れまさぬ御千萬の物を恵みうるほしたまひけるは其徳大陽に准じ給ふ也

須佐之男命（スサノヲノミコト）

此神八嶋の總守護神にして霧園中の大氣を咨ふ遣ひ風雲雷雨の荒神なり

鏡剣瓊曰應（ミカヾミトツルギトタマトクシナハセテ）
然寶祚相續（シカシテアマツヒツギノミツギトナル）
切蛇設金木（ヲロチヲキリテカナキヲマウケ）
萬神以蕃息（ヨロツノカミコトヽナハリサカヘ）
天原氣海中（アマノハラノヲホムタノウチ）
漏岐漏美命（カミロキカミロミノミコト）
八百萬神等（ヤヲヨロツノカミタチ）

八咫の鏡と草薙の御劔と御續の瓊これら三種の
神理調和一致して此世ハ無窮に平らなり
皇國ハかけまくも尊くも三種の神器の鎮らせ
たまふからに天津日つぎ連綿と渡らせたまふ
月日の周旋しめかに深理を大蛇のとぐろかまへるに比
とくなる之其深理を切分ちて太古の玉串を作りしるを云
玉串てふ金木を作りて六合の内外を占得まか
なひ見定むる故に千萬の神たち其所を得ゐる之
高天の原てふ大むこの中ハ萬の神々お住居也
聲もなく香もなくかくれも萬機能至まる哉
神漏岐神漏美の御神陽陰の結ひより産巣の
諸胤を漏し生へ玉ふをいふなり
次にハ百萬の神々國々お物定め貴賤農事
の道を教悪を懲し善を恵ミあふをを云

神集議神機（カミアツマリテカミコトヲハカリ玉ヒ）

天の岩戸に神集り玉ふハ繪なりなれども理を一般にして今政殿り國家の事をはかりなふハ神代も今もおなじ理にて賢君集りまして政機を議り玉ふにたとくなり

實降臨下土（ミチテクニツチヲミソナハシ）

造化産靈の諸神議り實ちあひて下土に天降り臨そなハし民養の諸躰を施したまふ

同氣結存上（ムタムタハムスンテウヘニスミ）

同氣の空ハ一ツに結びて天と開けて上に建ちて飛鳥蔓草乃るいまでも上に志しなるものに

同體集下平（カタカタハヨリテシタニスム）

土氣ハ凝り集りて凹かなれども見る所ハ平かなり一度の目に二丁十四间ありて凹體なり

醫藥禁厭定（クスリゴトマヂナヒコトサダマル）

大已貴命少彦那の命戮力一心にして天下を經営しまひしもの道禁厭の事迄も教へ玉へり

天原有彗星（アマノハラニホウキホシアリテメグル）

天ハ限量なし彗星ありて稀にあらわれ来る事あり諸説區々にして未實行をおらず

玄黙而観之　フカクサトリテコレヲミレハ
盡周天旋地　サレハミナアメニメクリツチニミヘ
悠遠無窮間　ハヂノモナクヲハリモナクテ
往来宇宙界　アメツチノムタニユキキセリ
天祖降天裔　アマミオヤノカミハヒツキノミコヲサゲ
神祖奉神嗣　カミミオヤノカミハヲミノコヲアゲ
國神遺蒼生　クニツカミハアヲヒトクサヲノコス

熟考ふるに無用の星にあらず是ミな主宰の命令にして有用なる事あきらかなり
二三十年以前より時々周り来ることあり我國にハ遠けきらん其後ハ穏ならず
游星天にあるうちハ見へて恒星天に行ハ見へず此用人に蚘虫あるか如し
太古より無窮の宇宙を往き去亦来りて光りを顕せて其去々来々皆神明の令に託せなり
天津神次々に盛云又陽陰相交の道ハ神とある伊奘那岐いさなミまてを神世七代と云
地のミ神ハ天照大神を始奉り鸕鶿草葺不合尊までを地神五代とす委しくハ古事記に寄べし
神武帝の紀元まで八百萬の神々国々ニ人種を配遣りて天賦自然の道を行ひ暮しぬ

天誠即直矣（アメノマコトハスナハチスグシ）

以日神證之（アマツヒヲモテシルシトス）

以日徳照之（ソノヒノイサヲシヲモテコレヲテラス）

冥理真微妙（ソノコトハソマコトニコマヤカニシテ）

誠ハ天の道也これを誠にするハ人の道也天ハ物
いはずして聲もなく香もなく蒼々曠々として
人間の呼吸ハおのづから登の肺まても充ミちておのづから
ふれ絶間なく八政を統て正直にて周旋下さるゝハ人の為
日のミ神の徳世れ人も思ひ半にハ過たりて體乃
全径三十万里地を距事二百六十余萬里萬物を
生育し善悪邪正をも大登目にて上覧ありて作善
の者にハ幸福を授り作悪の者にハ災害集り及ふ
日のミ徳ハ物として蒙らざるハなし照しある所の
草木ハさかえてしかも地所ハ栄へても實らん故り
諸草木幼芽よりことに日表へ志もて成見よ聖り
して考るをとらさるなき神ありて根に論ずるをとられ
火徳の妙用ハ前に論ずが如し至微至細の所まで
陽気を配り如何なる小虫と雖ども霧粒の中にも陽気を賦

曽無所不至（イタラヌクマトテモナシ）

又無不成事（マタナシトイフコトナラスコトトテモナシ）

至尊無極矣（マコトトフトサカギリナシ）

地形象細別（ジチノカタチハコマカニワカレテ）

天のゝ政ハ一致なれバこそ四時違ハずして花ハ莟を附ケ蚕ハ葉芽を喰ヘ獣ハ冬ハ秋ハ綿毛を生じ春ハぬけ去る人間百體（ガイ）の機轉（キテン）も勿論魚の鱗（ウロコ）鳥の羽色三毛猫の負の毛色組いろなのみか名画工彩色をといへとも及バず極りなき尊きの至りて天工の萬物をめぐみ給ふこと孺子を愛育するが如し夫より行届事推て知べし

地の形ハ概畧のごとしといへども土地ハ広ければ所によりして水脉あり火脉ありハルスの質あり是をむすび地心ハ烈火なりと云又六游星ともに同質にして行度を失はず三百六十五日三時余をもって大陽を一周りして冬至線より冬至中線に至りたまひ一秒も遅速なく旋轉旋下さるゝハ祇つゝ神の大霊護勤したまふが故也恐てもおそるべきハ何事ありとも心遊術をもって遙らふ

萬類悉異體（ヨロヅノモノコトゴトクカタチヲコトニス）

目察而識之（メニテミテモイトヨクシラル）

地誠即正矣（ツチノマコトハスナハチタダシ）

望ミハつまびらかなる月體なりおほいさ月の
四倍と云り日ニ向ひ昼をなし日ニ背けて
夜となり萬物の種ハ天より降しあひ土中より
産出ることハ養液を配して生育するなり
万物各體を異にするハ造化の全能ニして四時
忽ちニ山沢湖海次第〻〻ニ産出して何一ッ不自
由なく甘きもあり辛きもあり煮たきせぬもの
も風味尚美し夫〻ニ色付て食料ニ與へあるニハ
是何者ぞ人倫も跡へ廻し責て口へつきし身命を
養ふもの〻故由ハ知りたきもの〻是を知るを聖といふ
祇のみ神の正しき徴しハ前ニも云通り十二時六
秒を以て自轉し夜と昼とをなし地の行道を
少しも乱さず大陽を廻りて蝕と冬時をあらはし
陽気を受て蒸気を発し雲となり天和を得

以テ水精ヲ證ス之ヲ（ミヅノサガヲモテシルシトス）

水精ハ即月矣（ミヅノサガハスナハチツキ）

て雨となり山沢田畑に灌ひて河に落海に入
其活働の正しきを推て知るべし
精は情の心なり水の活働を知らんと思はゞ日落て
田面に出て青稲の根元を見よ田に水の有無に
よらバ何處よりか水玉出て葉の根より葉末をして水に
留るをも誰人も見止めおくことなり
さる活なるときは此活働はあるまじきことなり實に
上善は水のごとし物として潤さゞるはなしされバまた
大河洋海の洪水に至てはその活働きおほいなり
地に引力あり天に張力あり猥に傾き暴流をなさんや
水の活精の凝なるは即月體なり日の光を受て
半面は明かなり昼夜に十三度六秒づゝ白道を
活自行ありて廿七日六時余に地を一周し自轉
をなす月の都をきく人は誰と讀し人も知るや

此天地火水（コノアノトツチトカトミト）
獨立稱四元（タチヌキタルヲヨノモトイトイフ）
四元徳行則（ヨノモノトノリカタチハ）
得太占可明（フトマニヲエテアキラムベシ）

さらぞや彼には廣寒宮と云るあり是よりも平安城ありとおもへりげに難有き住居なりけりや此四元に縦て極を立る大目當なり永世独行変化きはまりなく萬物万るすに弥偏（ユキワタ）るなり独立は精一純粋の義補佐なしといへとも動らざるをいふなるべし

應の目當四一を得て安一四を得て危となるが如し四徳の流行は萬物に亨り宇宙より是古事記の要嶺大禮の原にして二尊（フタバシラ）の御神陰陽の夫婦（マグハ）をうむひし時不祥なる事の長き世にならんより天つ皇神にうらへ問ふに義なり太占その人の胸中に備りて十指頭にあらはる掌中の璣なり手術多く口傳多きがゆへにおくにあらはれ其深く頤を

輿地懸中天（クニツチノムタニカヽレルハ）

靈妙有形勢（クスシキナリミチアリ）

人聲之象與（ミクニビトノコエノカタチト）

神明之尊影（カミタチノミカタト）

探らんとふる易と大同小異ふして鬼神ろ
情状をしるふ至らハ同一理なるゟし
地球の中天ふあるハ猶月の白道ふあるが如し
晝夜十一時六刻三十九分ふして自ら轉り玉ふ
明界中許多の地球象日の遠近ふ随ひ遅速
ありて行度を失ハぬ大陽を旋行するとと恰も
大君の諸候を令するが如し一秒も違ハず
七曜暦法の如し浄ともふ靈妙の至りなり
声ふ形ちハなきものなれども天と云へハ天の象を
其声のうちふ含ミ有て天と聞へ地と云も同し理之
上古神聖尊の大智議者實り比類なく
一度大眼を開き三極の大元を見きたまひ
真洲美の大皇鏡とりふものを作りたまひ限り
もなき宇宙の広形をわつるふ一面のうちろ

相鎮凝成體（アイシヅマリテカタチヲナス）

故山澤湖海（ユヘヤマサハウミ）

洲處原川悉（スヲカハラカハミナ）

移して萬教の基を立玉ひ言霊をもて事物の法を教させたまひ太占といふものをさへ始たまひて天地の活動を掌の中に示し酬醋まるいとも畏き神明の不可思議を洩ぞらうふきとしあふ

叔其真洲美の大皇鏡といふものは各〻體に備りたる言を其侭に移し奉りし法鏡也おとぞゑて

天地自然我身に備りたるをもて天地自然に現はれ出る物にして更に私のこゝろもて作りなしたるものにあらざれば殊に萬国に勝れて貴き美き言哉そがまゝに移し奉りて體となりてあり

山に山脈ありて連り續き沢に水道ありて筏を達し湖に落海に灌き一隊となる

むし國家の開けは洲處原川を始とし故に村落農業の便利悉く自備はるにや

修心教館 十一

有深理成就

フカキコトワリアリテナルヿ

地に凸凹あるハ顔に耳目鼻口あるが如し各官
能ありて其要を成させれバ天工の自然に産付
用ある故由ハ是全深理ありて後世人性あらん
事を貫通ましくて今斯の如く成就せしなり
此世あらん限ハ造化諸神現在にハ雷神の昼
夜となく天の限りを鳴渡りて甘雨を那ふが如し
旱魃の年雨を乞へとも降らす夕立も田畑へハ
ふらず海の上へふり捨稲作も夏の霖雨秋乃
嵐に吹きさまれ實の実なりく称あらくの
称のひの秋にも半バ就らぬそのなり一新乃
時に當りて大八嶋七十五ヶ國に人のこゝろの五国
を産まひ日本字七十五声あり出局中の神体七十
五霊頭つまき脩心教七十五旬刻行し作者七十五才
の春是亦深理ありて成就せる

三等百官職（キミオミタミノツカサツカサ）

従興也允久（ユニヨリテオコルナレハフリサケミユーカ）

君至尊准天（キミハマコトニタフトサハアメニナラフ）

萬機則天理（ナニユトモアメノミチニノリトル）

衆拱安坐而（タムタキヤスミヤスミマシテ）

包八荒内外（クニノハテウチトマテモシレリ玉フ）

君臣民と三等に分ち其分をまもり階をみだらず
正直正しく紛りて君公の命令法とめ守りぬ
抑のから大和の記元迫ハ差地ありて人道の政教
山河の取調へ國是を定め玉ふこと尤久し
大君ハ日月をめぐって父母とし玉ひ天つ日嗣ありて尊の
王也昔より奥羽の頑民此義を知らで東夷の名を得たり
萬機ハ袞龍の御衣御旗ハ金烏玉兎青龍朱雀
白虎玄武ハ政ハ嶋の神二八の菊章ありのとつ紀
九重の天垣を推し二十八舎の玉殿に安坐し
衆星の紫微に拱(タニダク)するがごとし
窈窕(ヲクフカキ)雲上(ミクラ)に安坐(ヤスミ)ましまし聰明聖智文思安々
武事明察仁恵四海に溢れ徳澤四境にあまねし
五畿七道ことに唐士までも威光行届き四方四隅徳
澤を蒙らざるはなく恰父母の六子を包むが如し

表十六菊章ヲ
トウマリムツノキクノミヲシテスソシルミ

知照撫育下ヲ
ヒノテラスカユトクニ ヒタチソタテ玉フ

寛仁大度量
ウマクメクミテマカナイ玉フコト

宇宙如無障
アメノムタサハリナキカコトシ

其徳誠無量
イサホノマコトニハカキリナシ

民ハ土俗准地ニ
タミハイトイヤシツチニナラフ

此菊の十六局ハ太占の神機ニ當り庸人(ツネヒト)のうかゞひしる所ニあらざれ定位自然の天機を導くいとまなり

安坐ましまして國の光景大觀(ヲミハルカ)しまひ賞を重くし罰を輕くし明らかに士民の勉を知し召し撫育しまふ也

刑罰を用ひされハ頑民懲まて此の濁る時節なり至りてハ斷も愚かなるそのかれ周明(カラ)の衰へしも時なるらんか過てゝも悔悟愼謹寛大の御沙汰なと何るそや此時を鑑て前知ひる備き事なり哉

吉言ハ亨凶言ハ否らざも天の許と許さゞるハ祥と不祥となり仁政を旋しまふが故ニ宇宙障無が如し

至誠の政體猶布告しまふの故ニ徳澤四海ニ溢れ慈愛四境ニ達し善惡邪正掌ニ見るが如し

農工商の三民ハ位外ニ居てハ上の聖教を頂き其家産をつとめ他念あることなかるべし

萬事則地理
ナニユトモツチニナラフ

非令不動搖
ミノリヲウケツニハウユカレス

臣妙體準衆
ヲミハタハニテハシヤキタツニナロフ

麻柱至德矣
アナナヒアナナフナリ

地は天の施を禀て産出し世用に備ふまた
物ごと質直にして随ふをもつて常とす
上より命令あまた勉励柔順にして猥に動かず
小事もわたくしに執行ふことなし
火水は神なり守督なり八百萬の神等國々を
鎮護して奉安　震襟泰平無窮を願ふべし
皇國の教は麻柱至德にてあなななれば何なるも
法はいさゝのいさゝかの誠の外に道はなし
孔子の恕にして一心直に君臣父子夫婦あるなれ
あるのに時は萬世一代萬心一致なるべし麻柱
至德は成して言はざる也宮殿樓閣を營むも
足代をかかる是無用の用なれは跡にては功なき
に似たりそれを成して言はざるが至德なるべし
世の為人のためと人々心得なば快からん

以テ和スニ君民ノ間ヲ（モテ　キミタミノアイダヲムスブ）
其ノ徳行無シ極（ソノイサホヲコナヒ　キリナシ）
誠忠正心ニシテ而（マコトニマメニマゴコロニテ）
隠顕随レ時ニ矣（ヒソムモイカルモトキノマニマニス）
干シレ海ヲ碎キ鐵城ヲ（ウミヲモカレカナギヲモクダキ）

重役以下下部に至るまで此義を以て天下を和齊（トヽノヘ）しむるは至てあるなんあるのにの大道に擬ふ爲し徳乃流行ハ急流よりも早し斯強欲の世に無欲の教ハ通りかたし併善教の公命ハ極りなく亨大小の臣士世禄公爵ハ尚幼年より心を正しし意をせを誠にし奉公大切に侍とむなれも〱坐質賢愚の事ハ外に爲なれせらしめし禄ハそのうちにありし先祖勤功の續しを忘るゝことなりき清ハ顕も濁もハ隠るハ唐風腐儒の見なり濟世の才智有らハ清ル進ミ乱るれハ益進ミ伊尹の任を荷（カス）べし海を干ハ塩干珠の策銕城を碎くハ至誠の策善天下を制する者ハ實否強弱を審にし至仁を以し其有罪を征する爲し世の中に憎しともかりに人そなれ罪あることのまゝあらされいやましく

戰勝(チ)向(ハ)必(ス)取(ル)
タヽカヘハカチムカヘハカナラズトル

鬼神(モ)伏(レ)束(ヲ)手
ヲニカミモスヘナクマセル

脩(レ)道(ヲ)明(ニ)神典(ヲ)
ミチヲナラヒカミノリチアキラカニス

其動搖絶倫(ナル)
ソノハタラキノスルドナルコト

三等(ハ)各世職
キミヲミタミハヲノヲノツカサヲヨヽニス

軍ハ名と義とを重しとす謀反反逆の軍勝べき理なし敵を打向へバ城郭を取ハ唯正征にあるのミ

真の鬼神ハ悪将を助る者に非ず悪ハ懲し善に幸も至愚妄暗の脱走とても先非後悔して手を束のミ

身に道德を脩め皇國の掟を守り神典に遡り手力男の神のミ仕業を明らかに悟り得べし

神功皇后の三韓を制(セイ)征しまふや宿祢の命満干の珠ありしかれ人ハまつ瑞えりまぐろ三十日にして歸朝しまへり是神傳の妙用にして恩頼迅速の嚴機にあり其動搖の絶倫なる筆紙の及ぶ所ニ非ス

國治り事定りて君ハ長(トコシナヘ)に大寶に在(イマシ)臣ハ官祿として萬世一代の如し農工商ハ億兆一心にして貧福ハ己が勝手なれバ業をはげむの外他が仰望もべからず仕官の者ハ上の褒貶に任せ

祭政一致也（カミノマツリマツリゴトモヒトツナリ）

故耦心安國（ユヘニウラヤスクニトイフ）

國中荒振神（クニウチニアラフルカミタチ）

天益人犯過（アメノマスヒトラガアヤマチヲカス）

天罪與國罪（アマツミクニツミヲワカチテ）

去穢放罪咎（ケガレヲサリテツミヲハラフ）

御政體を定めある上ハ萬劫不変あること萬世一代の如く寶鏡の真洲鏡を拜すること吾を見るが如しは鏡の面に移らひ國家を治む是天皇太神乃神勅也故に心安國とのたまへり

彗星回り来大震起り人氣不思議に轉し故なく徒黨乱暴を發し神変とも云逢き躍流行し疫痢疾風雨洪水是皆禍津日孔神のこゝろわざとも云り無擾國災なり

禍津日孔神と云る决て無ことにも天神過を犯はるゝなくきとても止ことを得ぬ旱魃暴風霖雨大震これらが国罪なり乱臣賊士おこりて国家を煩し民を塗炭に陥しいま　宸襟を悩し奉るをいふ

正邪を糺し根元の穢を見届け至誠を以て罪咎を放ち拠なられハ征罰を法ふしあひしを云なり

治平復清潔 ユトムケテキヨキニクヘルヨシトス

其法主心靜 ソノノリハユヽロヲシヅムルヲヨシトス

莫令傷心神 タマシイヲイタマシムルユトナカレ

慾念懸心苞 ワウカノヲモヒモロヽロニカヽレバ

邪悪忽衆之 マガツカミタチマチコレニノリ

口鼻耳目心 クチ ハナ ミヽ メ コヽロ

人過あることあらバ改むれバ清潔に帰るには上知あり再せることなし下愚の過ハまことなく恥をわきまへず却て是が詞をかざりて口先斗りの改めにて今へそれ最中あり清潔にかへりがたし

心を清くする法ハ善師に随身し善友を撰び廣く古今の書を讀て惑を弁へるにあり

我神を傷しむるハ欲にあり過分の實を需ることなかれ分を守り欲を去れハ災害なし

目にて心より思ひ志りして欲の起るハ通情也分を守り他を観望せざれハ擾ハあらじ

常に天の冥罰を蒙ることを自得せざれハつひに至り易し天の網もあらくあれども洩さぬ

口に味ひ鼻にかぎ耳より聞目より見心より思ひて邪欲妄行しのちに霜を履て又氷に至る

雖レ有レ觸ル二不淨一
拔去心口空寂
則六根清靜
誠心集臍輪
内身伸充天

善人は絶ゞの集會にも一二人はある習ひにして
神代よりして今に同じ誠に忠信の真実を
有がたし御鏡の神勅と聖賢の金言とに
あらはれは諄ゝたる中道は得がたきなり
慾情拔去り潔き心を主とし寂然不動にし
て洪氣を養ひ他を祢がはざれば耳に諸の
不祥を聞ともこゝろに諸の不祥を思はず此時に
清くいさぎよきことあり潔なれは仮にも穢はあらず
真心を気海に集るは數年丹練してのち
に功ありと知べし惑をとき神徳を悟るにいたる
天地の亭をも蝕く貫き見透し真洲美
の鏡も磨得ずく何一ッ暗きところなく默して天が
下を看通もにも違ふといふこともなし是則天地
に融り神明に通ひ物に徹るなり

同体萬物ノ靈ト（ヨロヅノモノトトモニナリ）
與天地同根（アメツチトトモニナル）
奇妙靈妙場（クシビニクスシキトコロ）
竹内宿禰命（タケウチスクネノミコトハ）
真乎有此道（マコトニサコノミチニクハシカリキ）

肉身伸て天ふ充るといふハ譬なり是ハ心六合ﾆ満る事意なり修行をとされハ合點ゆかさるから
して萬物の霊と同体乃場ﾆいたる是鬼神と
供ﾆ参つなるべし

性情を誠ふして之を得べし神人符合乃至り
造化諸神と同しう同位ふ至るべし
奇妙ﾆ靈妙場ﾆは神人なるとでハ至りがたし
満干の珠乃稜威此場至らされハ顕しがたし
宿禰の命三幹を征しあふ其勢ひ絶ﾆし三万余人
小ふ孫二百五拾六艘なり宇宙感まつなひたまひ
志ゝき人ハ歸伏へり真乎皇國ﾆハ此道あるゆゑ
自然施行しあふ故ふ四夷ゝなほふろひまりて
方物を献し音信をあつしきて唯恐不仁と禍津神
の荒ひなり

太素杳冥而（ミヨノマニテ イクトシモ）
草昧數百年（ウブノマニテ イクトシモ）
日月星曜明（ヒツキホシ アキラカニ）
萬物存在世（ヨロヅモノ ヨニアルハ）

天精與地精（アマスネ ツチスネト）
相調成全體（カタチヲナセリ）

太素ハ杳冥とおぼつかなき事ゆへ疎々漏にしてそのこと
整ハされとも不自由ともおもはずに暮らしふき
其間も人もなく嘉穀菜根とてもなかり
得ず穴に暮らし樹にすミて寒暑を凌ぐなり
然のして日月星曜ハ明らかに今にかはることなく
なく五日の雨十日の風こともまさしかりしなり
昔のことゝハ云へらず地より生出るもの其數多し
珎菓珎根を作り出して世々に存らへ人に
供するハ造物者の全能なれバ何ひとつ
わかろそかにせバ冥罰を思ひ忘るゝことなかれ
陽精氣を施し陰こまを包護して産出
萬物一体にして此理こな齊し
天地の氣調ハされハあるひハ消へ或ハ枯れ人
共相ふかくる全體をなさざるものなり

天精即氣性（アマツネハヤカテケサガ之）

地精即形體（ツチスネハヤガテカタチナリ）

以天五地五（アノイツヽツチイツヽヲモテ）

成全體人也（カタチヲナセルモノハヒトナリ）

天の精ハ理ニハ見へざる氣性なるゆへ故ニ目ニも見へず晝ハ乾し夜ハ潤し暫も止事なし

地精ハ天より氣を受生出る人畜魚貝草木の形体をあらわし熟しみのるに至る扨外國ニ而上位ニ列なりまする人といへども粃粟のごときのものを食ひて命をたもつるが多かりける

今哉皇國の中ニハいかばかり住詫たる黒木の庵ニ住る樵夫舟客といへども米稲を食ひて粟粃杯食として命をたもつものハある無くもあらじされバこそかゝる賤しき男子とてもともに自から義氣有て心の直なるを外国人の常ニ羨む所なり是地精の善ニよりて體氣も善也

天五地五ハ陽を陰の數能とゝのひて生出る故り全き體の人生き出る五五の中ニ清濁の質ハあり

故ニ此備秀體ヲ（ユヘニコノヨキミヲソナヘタリ）

所ニ以殊萬類ニ（ヨロヅモノニコトナルイワレナリ）

皇國其元領之（ミクニハソノモトツカサトリ）

人ハ萬物の靈萬類に秀で此善美の體を與へ玉ふうへハ世禄家ハ勿論庶人たりとも人道を行ふべきもんである處なりだ 然らされバ萬類に殊なる所以（イワレ）はあらむで思ひ耻ぞんバある處なりだ

皇國ハ東方に在て元首也神靈舎し土地清浄にして人間ハ勿論生り出る五穀千草万木禽獣虫にいたるまで自然地のよろしきに志たがひ其質愈よろしく日毎給て命を延る物の萬国ともに勝りたりといふときハ美事の上の美事といふ處し 近年渡来の異國米を見るに穢米にして粟に劣れり 故に我體も賢固にして心も清く道心も是ゟ進し自ら義氣ありて正直なるゆゑ外国の羨む所なり 斯萬国第一の稲穀を日夜飽まで食

祖神之令命（ミオヤカミノミコトアリ）

ひさく月日を送る我ホが身こそ幸の上の幸と云
函し斯善国ふ生き外国の学を好むハいかなる
心ぞ人の賢きる生出るぞの味の宜しき皆土地の
化身ふして他国の及ぶ所まあらぬと知る函し

祖神ハ伊弉諸岐いざなぎより　神武皇帝の
朝臣を始とし四海ふ命令を敷施しあふをいふ

諸蕃所不及（エミシノヲヨハサルトコロナリ）

皇國ハ開国おそしといへども土地の性善美なれ
バ其化身たる神人の憂致諸蕃の及ぶ所ま非ぞ

天皇即天日（スベラキハスナハチアマツヒナリ）

代々の大君ハ天津日嗣ふしく日月をもりて父母と
しあふ此義を明らちふ知る神ハ豊玉姫命なるらん

臣連即轄紳（ヲミムラジハスナハチマヘツキミナリ）

月卿雲閣臣連百官宰職官位相應の將衣束
を着縉を轄け裾を引昇殿も故ふ公卿の總稱を縉紳と云

将軍之職行（オホトモノヲノミツカサハ）

神武帝の昔よ里武を制せ志権を將とふ軍
機神ふかよひ至誠至仁ふ止り有罪を制し有功

始饒速日ノ命ニ（ニギハヤヒノミコトニハジマル）

國造亦國主（クニノミヤツコモマタクニヌシ　ギミナリ）

外大名是也（トサマナルダイミヤウハ　クニノ…トノタチナリ）

伴造亦國主（トモノミヤツコモマタクニ　ギミナリ）

を賞し庶民を安撫し国の威光を夷に耀し
宸襟を安し奉り任職盛り行なる
神武皇帝の大和に遷都り在せし時の折柄
饒速日の命を将て武将の官に任しめ給ふ八咫
鴉の瑞ありて天下を制しめ給ふ将軍職の始是を
伴男といふ任官の最第一国家の柱礎たり
國の造も今の國主也是将軍に次ぐて重官なり
國體危難にして大事におよばんとするときは
赤心を作し誠忠を顕せ官也小身とても
疾驅登るは忠臣也後まさ々凶にして愚に属せ
覇者には外様と普代の別ちあるとも王臣には
内外の別なし唯幼長の官位のみにあり
伴造は常都に近く居城して尤親しく召まり
應し造處き近臣に有りたきたとふことなし

内大名是也（ミウチ[illegible]クニクニイトノナリ）
縣主稲置者（[illegible]イナキ）
皇宮警衛ノ士（ミヤツユエヾノサムライ）
當今之治世（イマイマノミヨハ）
自然與神代ト（オノツカラカミヨト）
符合如此矣（イトカナヘルユトカクノユトシ）
萬世必無易（イツノヨマテモカナラスカハルヿナカラン）

畿内隣國の大名摂海北海に便利よき是を
内大名と唱へ臨時の用に備へ置なり
縣主稲置ハ今は小名籏のるいなれども
皆神代より血脉断へず神々の裔也とぞ
是親兵にして心正しく誠に忠なる士にあらず
んハ能ハず頭取組頭の者法令を正し置べし
一洗の太政祇津衆神の赤心を碎き給ふ所
天津は神も感し給ふと云語なり然しらば税法
かくて小民一圖に冥加をわきまへず税納に苦
しむ神武帝以前に其様あり面白しらく
笑人その笑ふをもとよく義ふしらく税人その
上納を厭ハは是自然の利なり
奢侈を止め徳素をおしえ慾を正しふし平
準の法にあらされバ長久の治世にハ至らは

動無有沿革　ヤヽカハルコトアルユナシ

王業の美事良法も古典にならひ時勢乃変革も治平の後にも記して用ひず

若有逆乱徒　モシミダリニクルヽモノアラハ

逆乱を企ミ頑兵とも禮義をわきまへず脩身の法を志らバ身自分より破り志いのしく人に戮せらるゝか家自らやぶりて人より破らるゝか爲し汝より出る者ハ尓にかへると心得べし

冥罰不得逃　カミノワザノカレエス

天に順ふ者ハさかえ天に逆ふものも亡ぶのことはり常に見そなはす大書目豈許しぬかれんや

雖理存無遂　イサヽカアリトモトクルコトナシ

盗人にも理ありの詞を申立天眼をくらましまつらんとすれども誠ならざれバ未必とげず

知勝不知負　カチシリテマケヲシラヌハ

井の内の蛙かまど弁慶相場仕のるい勝ことを工ミて必死の地に陥りことく〳〵自滅なしいたるか

害至於其身　ワザハヒソノミニイタル

害の身に至るハ自業自得なりとも大事を宸襟を悩し奉り父母一族ハ是非なされ隣國の

豈是不經言（アニコレミダリノコトナランヤ）
嚴乎有現證（アラタカニシルシアルナリ）

磨真洲鏡者（マスカゝミヲトゲルヒトハ）
皆能知證之（ミナヨクコレヲシレリ）
聲觸發歸空（コヱフレナリテムタニカヱル）

民まて塗灰に陥しいま國力を費すること莫大の
罪なり士道ハ教へし学ふへし尚へし
君子密ならざれバ其身を保ちれ是家康公の
名教也等閑に心得寛（ユルガセ）にまさへんや
道を行ひ仁に頼りて天下を制する者主命を
奉（ウケ）て勤むとのへどハ我事と任せん得るとのゝ
を思ひろく失ふことを不顧只軍役と日を消し
嚴法を要せされハ敗走目前にあり
真洲鏡の中にハ軍旅の掛引進退應對の節
も詳に備りあれバ磨得まバ明らかなる寶とす
天の棚十五声の義に通まハ人倫ハ勿論軍事天
文落星夜打朝掛の幾能をさとり知る
声觸発して物にたつし用終まハ亦空に帰
して跡なしされとも君子の言ハ天下を変まて

無爲無跡也（アヽアトナキナリ）
聖王譬之云（ヒシリノミココレヲタトヘテ）
爲洪々氣海（ウラヽカナルムタハ）
人心所住也（コヽロノスミカナリ）
心來結形體（コヽロキタリテミニムスビ）
調和而成聲（ムスヒアイテコヱトナル）
神明英知至（オホカミタチノカミワサニテ）

善言ハ無爲にして跡なきにしもあまた悪言ハ
其下より発炯して國家の大害となる
海上の浮雲の如し水昇りて天氣に結ひ動揺
して雲となり雲降て海上に浮ミ元に帰して跡なし
蒼ミたる氣海ハ何もなきやうなれども大氣満
ミて霊魂の常に住居となる
谷神ハ死せざれ精氣物となり游魂変をなす
死ハせぬとこひも行ぬ爰に居る尋ねさるゝものハ云ぬぞ
目に見耳に聞心にありおもひ志うして發声さて心志ハ
天中より来りて人の形體にむすぶ
我本心と天心と調和して発声をなす上使説客
和議媒妁或ハ戯藝の軽口に至る迄謹ざん有べし
奇勾妙章を書著し天地も動かし作者ハ和漢
ともに明知にして鬼神に通ふ至徳の人々なり

資摸冩自然（アリノマヽニトリウツシテ）

一面成明鏡（ヒトツラノカヽミトナル）

稱眞洲美鏡（マスミノカヽミトイフ）

天祖授天孫（アメミオヤアメミマコニサヅケ）

勅命教示曰（ノリゴトミシメシ玉ヘルハ）

總て物の初ハ一三五と云數ニ憑て河洛五柱ト文
字教道の本となる其義を資用ニあらずして
自然と摸冩（ウツ）し玉ふハ御鏡の文字なりされバ朝
古聖の書著したまふニもせよ是神なり
七十五声正しき父と母と互ニ進ミ合遘て子字
を生し靈と義のそなはる明鏡自然ニなれり
壽ハ眞の壽主ニして七十五字の中央ニありて
萬機の政ことと是より出る原なり宣長とさを
白銅鏡と傳へ神祭の具とまて婁（クワレシ）ハ跡のミ鏡の
條ゟ出も其時ニハ太占眞壽鏡の原書なし
天祖ハ諾冊以前のミ神之天孫ハ火瓊々杵尊之
此理を以末の世の鏡と成ハ世ハ獨長へニ治りなん
天祖勅命教示し玉ひて曰く吾國の明鑑是之
此ゟ移らひ行ハ世まて獨り治りなん

見此皇鏡専（コノミカヾミヲミルコトモハラ）
如見我親重（ワレヲミルガコトクヲモミセヨ）
寶祚與天壌（アマツヒツキアメツチトトモニ）
無極無量也（キワマリナカランヿトノ玉ヘリ）
無比之皇寶（タクイナキミタカラナレハ）
與趙玉蕃玩（カラクニノモテアソビモノト）
氷炭雲泥也（シロクロウヘシタノチカヒナリ）

天皇太御神蒼生に此宝鏡をみること専ら
吾を観るが如くして国家の治鑑せよ我教え
かくのことし其官位分限相応の家業を務とし
他をかへりみず正直忠誠にまもり務めよとの
天地あらんかぎりの宝なり躰用由まさに即験
多し世に種々の宝玉あまたあれども功躰すくなし
多くをもちあれば前よりに通り極りなき功躰あり
熟読琢磨してその功躰をしるべし
世に近年は珎器珎械ありといへども皇鏡より
くらぶるものもなししかれども躰読されは功なし
故趙氏の璧も西洋の玻瓈も氷と炭と雲
と泥と程の隔てありと考ふべし
朝に道を聞き夕に死すとも可なり善不善を
擇ばぬものは論ふにたらず其徒近くは多し

寶鏡即皇聲（ミカヾミハスナハチクミクニノコヱ）

樫柱十五韻（タテハシラトヲアマリイツヒヾキ）

空々たる宇宙ハ言辞の在所人心の住ところ
此ゝ鏡を見るおと專らこれをさるがごとく
親く重んぜよとのおひし神勅の義なり
ことを去出も心得の第一破り定めの元なり

かがだたらなはさざぱばまやわあ

初柱喉の音十五声を各喉ゑ納りて阿の韻と
なり相列りて一柱となる是を初柱といふ

こごぞとろのほそぞぽぼもよをお

内柱　唇の韻十五声を各をの韻となり相列
りて一柱となる是を内柱といふ

くぐづつるぬふすずぷぶむゆうう

中柱　歯ハの韻十五声ハ各歯に納りて宇の韻と
なる相列りて一柱となる是を中柱といふ

けげでてれねへせぜぺべめえ𛀁ゑ

外柱　舌シタの韻十五声を各舌に納りてゑの韻と
なる相列りて一柱となる是を外柱といふ

きぎぢちりにひしじぴびみ𛀆ゐい

留柱　牙の韻十五声ハ各舌に納りて伊の韻と
なり相列りて一柱と成る是を留柱といふ右の
五柱ハ韻のわかちありて各十五声づゝ相列りて
喉唇歯牙舌の五柱となり相連て一面の韻をなす
なるまべく七十五声あり其中に(阿)(恵)(宇)(於)(伊)の
五声を韻の納るところにして是五柱の礎なり

横棚三五音（ヨコタナトホアマリイツオト）

共七十五聲（トモニナヽツマリイツコヱ）

阿より伊に至りて五ツの声も韻の源にして即ち横に達せる故に地に准へて是を母りかたどる

牙之音

阿の韻　かがだ
於の韻　こごど
宇の韻　くぐづ
衛の韻　けげで
伊の韻　きぎぢ

高天棚

古之音

阿の韻　たらな
於の韻　ころの
宇の韻　つるぬ
衛の韻　てれね
伊の韻　ちりに

天津棚

牙の音十五声ハキギヂの三声五音にわかれて十五声となり相集りて一棚となるあまきを高天棚といふ又鏡乃上り位也

舌の音十五声ハテレネの三声五韻にわかりまて十五声となり相集りて一棚となり是を天乃棚といふ高天津棚の下に位也

牙（キバ）舌（シタ）歯（ハ）唇（クチビル）喉（ノド）

韻	歯之音
○阿の韻	はさざ
○於の韻	ほそぞ
○宇の韻	ふすず
○衛の韻	へせせ
○伊の韻	ひひじ
	中津棚

韻	唇之音
○阿の韻	はばま
○於の韻	ほぼも
○宇の韻	ぷぶむ
○衛の韻	ぺべめ
○伊の韻	ぴびみ
	地津棚

歯の音の十五声ハフスズの三声五韻にわたりて十五声となり相集りて一棚となる是を中津棚といふ天津棚の下に位せ

唇の音十五声ハホボモの三声五韻にわたりて十五声となり相集りて一棚となる是を地津棚といふ中津棚の下に位せ

音韻柱棚齊（オトヒビキハシラタナトヽモ）

喉之音	○阿の韻	○於の韻	○宇の韻	○衣の韻	○伊の韻	
喉之音	やわあ	よをを	ゆうう	えゑえ	ゐいい	底津棚

喉の音十五声ハヤワアの三声五韻ふわかちて三五十五声となる相集りて一棚となる是を底つ棚底乃棚といふ地津棚の下乃位也

右の五棚ハ音のわかちふして各十五声ぞゝ相集り牙舌歯唇喉の五棚となり相集りて五棚となりもとへて七十五声あり其㋻㋭㋜㋹㋖五声ハ音の起る源（ミナモト）ふして是五棚の要なり

○継辨の譯中結とも云即尤既敢蓋右言語乃間を結ひて言ふりを示せ言葉を集てへ一條也なし是を継弁といふ是ハ一言の内をむすびて自他の言ふり猶別つ詞を集て一條となす是を

ケジメの辨といふなりテニヲの辨外結ともいふ
何れも口傳あり是を一言の外をむすびて
自他の言より別つ詞を集めて一條となし是を
テニヲの弁といふ

右の三條ハ結の三種と云

両言訳　馳カケル・カクル　曲マゲル・マクル　満ミツル・ミテル　生ハユル・ハエル　出イヅル・イデル　字の韻躰言　涛の韻用言

［シマル］［シムル］［シメル］［キマル］［キムル］［キメル］　撫ナヅル・ナデル　植ウヱル・ウヱル　告ツクル・ツケル　兼カ子ル・カヌル　投ナクル・ナケル

［ヲサメル］［ヲサマル］［ヲサムル］［ヤル］［ヤレル］

自他へ通ふ詞を集めて一條となし是両音と
いふ右の三條を詞の三種といふなり都て
皇國の言の葉より三通九條の分ちあり是を
言語の道路といふ後の人言葉の分ちを失ひ
言に将に迷ふ事を歎て爰に其あらまし
をしるすことしかそ　中村孝道申

古史神代説（イニシヘブミカミヨノトハ）

○内結之傳

す　一力の物住所　其事　他よりするさとし

ず　隠れ納る所　其事　絶てなきのさとし

ぬ　力不及所　其事　至てきるれさとし

む　押定る所　其事　為て定るさとし

う　心み思ふ所　其事　他へおこるのさとし

	す	ず	ぬ	む	う
遺	ヤラス	ヤラズ	ヤラヌ	ヤラム	ヤラウ
行	ユカス	ユカズ	ユカヌ	ユカム	ユカウ
持	モタス	モタズ	モタヌ	モタム	モタウ
立	タタス	タタズ	タタヌ	タタム	タタウ
取	トラス	トラズ	トラヌ	トラム	トロウ
	他	無	不及	定	心ニ有

只是此事耳（コノコトヲシルセルノミ）

となる見ゆハ現在なる故中柱より来る外韻より
ハ結をせぬなり行らむハ行くあろかなり
行らくハ今ゆく場らんハ未だ行かし初めの
ところなりらくハ目より見るところなり

内言(す)(ず)(ぬ)(む)(ら)詞外(み)(み)のけし続も皆よ
用る事なし(み)のけし続ハ(し)を(み)とけしめる
なり清(し)を清(ミ)寒(し)を寒(ミ)と云ハ(し)と云を
(し)云て言終るを(み)とけしめて次の事を云
なり涼(し)いを涼(ミ)とけし続て次をいふなり
其元ハ真洲鏡の(ウ)自(イ)ミ(シ)他自躰(キ)他(ク)此(し)(い)の自ふ
ある(み)を起もなり万葉集ふも(み)の続のひ
ちうひまち有り〇古今集ハ多く違ひ侍る(の)
より続く他なり(を)より續く時も自なり
譬ハ人(の)面よしと云時ハ向ふの事なりしなるを

人をうしなひと云は自言なり（を）といふは他にて
自言なり（を）と云時は向の形を取てかへるなり
（の）と云時は心は心をとめて押るなり○萬葉
春の野にすみれ摘にと来しわれぞ野（を）なつ
かしみ一夜寝にける赤人この哥を（を）と此方へ
とりてはなつかしく思ひたるなり山の高くへ

親良師了解
ヨキシニシタシミユクワキマユ

上るとていたれども○外結○手をとめて示せ
起るの為働義働の詞よりうけて（て）と云たる
下へかならず働あり働行て（て）花を見帰（て）
又かくなしとあり哥にも神風や伊勢の濱荻折
ふせて（て）旅寝やせんあらき濱辺に
かく働ある声ゆゑ（て）ととまりたる哥はかならず
上へかへりて
可聞なり

聲各々有靈（ユヱオノモヲノモミタマアリ）

○言靈起源天之棚十五聲傳

理言 た 四　准言 ら 十一　准言 な 九

理言 こ 二　准言 ろ 十三　准言 の 七

理言 つ 一　る 十五　准言 ぬ 六

理言 て 三　准言 れ 十四　准言 ね 八

理言 ち 五　准言 り 十二　准言 に 十

天の十五声ハ舌の音なりそれ舌ハ口の中に在て
則天の官なり其舌の妙用ハ外より入るものゝ
五呆をわけて送りいきて身をやしなひ内
より起る息我五音に分ちてもろもろの
思ひを外に志らせ内外の事を弁へるも尊き
ものなり牙歯唇喉も濁韻或ハ重き音
あり舌の音十五声ハ皆清音なり上乃
五声も天の棚の天の處ゆへ法よしつの声ハて
天の妙のつから働き行ける事をいふ始まのふ
義あり一なる故なり天の循還（ジユンクハン）して止らさる
此国の古の法教につといふ故ア強く續くの
靈を具ふ自ら力を出せ時まつとて出る声
つの声なりつと云法を見て見まへ國内に力
の法よ記その出る世のたゝしむる処ハ天のつア

此靈之主宰ヲ（コノミタマノツカサヲ）

尊奉稱神璽（タツトミマツリテシルシノミタマトイフ）

よろかなり(持)手の力(打)宇宙の力(立)足の力(勝)身
の力(満)惣躰の力(つ)とそうめたる所ハミな力乃
含ミたる義を示ミて(つ)といふ力のいつる事ハ向ふ
ふと阿る所ありて志るすことより(す)して押さ絲ハ力
押さらバゆへに右に(戸)の声の所を(戸)とあてゝ
左なる(す)の声を(す)よあらくめへり(戸)をたてゝ
とむるものなり其(戸)の力ハ下の(た)あし絲ハ(戸)を
たゝくとむる事不成故なり(た)の声を(田)なり何ゝ
たまへり是土の表の平らなる(田)といふ又(す)の力
私内の血の強き物なれ絲バ(す)の力抜出せる事能じ
故なり(ち)の声をかりて(血)とあてたまへり強の名を
しれ力といへり。(つ)ハ天の津なり故なり強く續く
の霊を押こまて。(こ)ハ戸なり故なりとめとまるの霊を
なまて(て)ハ手なり故に出働の霊をなさて。(た)ハ田く

是議之主宰（コノコトワリノツカサヲ）

故ニ平らなる霊をなしても田は縦なり戸は横
なり。ちは血なり故にうちに満るの霊をなし
なり右たちつてとの五声は天の棚の天の処之
なのぬねにの五声は天の棚のうちの地の所
なり故ニ其霊天地表裏して發るぬはぬるき
ありゆへに止終の霊をなすつは沈よれ裏のを
野なり廣き処伸延るれ霊をなす戸はとゞむ
るのうゝ口一をいふのひる声なり只管の開くを
覺ふねをも根なりかゝまらこかぬ所ゆへに納
り静ふ霊をなしく働のうら舌中より出
て舌の根ニ納る声なりなは名なり形なき
所ゆゑに押留るの霊をなして田形あるのうら
名をたふたより押つゝるなり故ニ名ありて示そ
口一をいふなりてとらへ所なれ聲ありにを

敬奉稱寶斂（イヤマイマツリテツルキトナモイウ）

荷なり外ゟ付る所ゆへ外ゟ付の霊を
なす(血)ハうちなり舌を上下より押へつける
聲なり是天の棚十五声の内ふハ(た)(と)(つ)(て)
(ち)五聲ハ天なる故法なし(な)(の)(ぬ)(ね)(に)ハ天
の棚地なるところなれバぬるく弱し是より
(ら)(ろ)(る)(れ)(り)の五声ハ以ふこれ天の棚のまん中
ふ位を因て萬の言葉の上ふも置たまたね
なり(ら)の声ハ舌の中より発りて喉りひゞく
是ハとくかく家声なり故ゟ翻反の霊をなし
(り)の聲ハ舌中より発りて牙の先ゟ至り止家
是結の五聲終りなり故ゟ盈終の霊をなさせ
(ち)の声ハ舌中より出て唇ゟ頷く口ハ舌より
むかふところをさして云故ゟ廣くさしの霊を
なし口をもてもれ出る心地ふて向へ丸く

理言准言也（スヂゴトナゾヘゴトナリ）

聲各有靈矣（コヱヲノモヲノモタマアリ）

なるちてちれの聲ハ舌の中より出て舌の中に納るまでに移らん由へて狭く差の靈をなせ七十声の内靈なれ声とるなり無くと共りへバ七十五声の靈なりるの聲を始つの声よりれに至りて十四声表裏して発る真中の靈なり故に四方の義理をむすびて中にとゞまる故に自ら定靈をなれは是天の心なり則天の御中主也御中主ハ身中主なり

○理言（スヂゴト）准言（ナゾヘゴト）アあの聲ハ七十五声の始にして自然と顕れ出たる声なり故顕れ出る乃靈を具（ソナ）へてのちあの声出るあの声の元を知るべし准言ヲあの聲おのつからをとなりてその声唇に韻く故に外に起る靈を具へ

察々皆證明（アキラカナルミアカシアリ）

唇をうちまかぬれば(於)の声出て故に形をむすぶ又細く長くなるの義を含むまた男の(を)は始て起りたる義理より出る起るといふて出たる義趣躍推大皆同し准言(う)の声も歯をうち合して空氣口のうちに舞ひらなる声なり故に下働上動くの霊をなせるるといふ(う)の声と成つふことと准言(ゑ)の声しも舌の中央へ集りちゞく声なり故に内に集る霊をなせ理言(い)の声ハ五韻の留りに出る故至り留るの霊をなせはふく息を牙にあて祢ぐ(い)の声となるぞ准言(わ)の声ハ唇を志めらるとぢり出る声なり故にメ寄の霊をなせ唇を打合せにもあらぞ開けたるにもあらぞ相集る時出る声なり故し絶よせる声なり口を

ひゝきなから(わ)と云て見れバ〆よする大也
あきらかなり(を)の霊(を)におゐし二声あまとれ
霊二ッあるにあらざれバおゐしと云ハその成事
を志れといふあり(う)(ゐ)(ゐ)の霊前によ物なし
理言(や)の声ハ(あ)と(い)との二タ声を志てへあそれ
間より出る故に飛走の霊をなして准言(よ)の声ハ
唇の寄集る時に出る故寄り集るの霊をなし
(わ)と(よ)と呼ふ見て味ふべし(よ)ハ唇まで極く
あふ心なり准言(ゆ)の声ハ五韻にまじき國内に
ふまなく至るまへ動き発るの霊をなして(う)の
声外へ出終る時(ゆ)となるまへに(う)ハ僅かに働
く(え)(ゐ)の霊前におゐし准言(ま)の声も唇
を囲みて出る故に廻り囲の霊をなす(ゆ)准言
(ま)の声ハ唇を囲みて出る故に廻り囲の霊をなして

天神地三主（アメツチカミノミタマナリ）

准言(も)の声は唇にひゞきてその根喉にありて口の中にみちみる故に下に動くの霊をなして

准言(む)の聲は奥歯をしかとかみ合せてとぢいづる声ゆへに押へ定るの霊をなす奥歯をかみ合して出る声ゆゑに(む)の声をかりたり准言

(め)の聲は唇をうごかしそのひゞき舌の中央にあり是物種の中の芽ざすこととし故に起り始の霊をなして卵の既に鳥となるらんとする時先(め)より形をなして

理言(み)の声は唇をかゝるに(い)のひゞきにちかき声なり則用のとゞまるところゆへに囲をなして内に至り止る是その實のまゝなり納り止るの霊をなす

(ま)(も)(む)(め)の声は地の棚の下にありて土の用をかねたる霊なり其とゞむる

ところの声なれバ土の性のとゞまるを㋖といふ
㋩㋭㋫㋬㋪　㋩㋭㋫㋬㋪㋚㋞㋜㋝㋣

右濁音にかハ別に霊なし清声の霊をふくむ
成のをとしなり准言㋚の聲ハ歯の中より
発りてその声去まらず故ニひろがりさしく
の霊をなしば其ひろかるの元ハ至てちいさき
所なり故にちいさきをふくむ准言㋞の声
ハ歯より起りて唇にひゞく其まゝ外へ添てや
む故に外に添の霊をなせて理言㋜の聲ハ
かの鏡の真中に在りて四方の義をとてふむなぶ
めぐに中へ集るの霊をなしば呼には吸には顕るゝ
声なり故に真中に位まで出るには入るには
顕ま生るには㋜死するには㋜なり准言㋝の
声ハ歯より起りて舌に納るその間に韻ろ

萬機従レ之起ル

ナニコトモコレヨリヲコルナリ

筋をなせし故に内へせまる所の霊をなす歯にて発りて舌の真中に飛込で流す風の(ゼ)川の瀬脊ゝる筋指なせし田の畝も筋をなすなり准言(レ)の声もて牙をかゝへて舌の中へ強く息のあたる声なり由へに志き志むるの霊あり牙へかゝり歯にかゝる准言(ハ)の声は口を開く時出る声なり故延ひて延るの霊をなせし准言(ホ)の声もて口を少しあきて其延びき上唇了ある由へに上て顕はるゝ霊を具そなり(ハ)の聲もて延びきたのいづる(ホ)と云ともて(ハ)より又際向へ息いづるなり仰むきたるとれは上へあへわるなり准言(フ)の声もてその息外へふき出す声なり由へ了進ゝ行の霊をなせし燈火にむかふて(フ)と云て見よ風の之流自然と志もまり准言(ヘ)の声は其息あたへてをやむるの

声也人退き拂くるゝの靈をなす(ふ)と(へ)の二聲
呼るゝ見て味ふ必し(は)(ほ)(ふ)(へ)の四声ハゝな
同日の用ふしてゐともハ人の志しぬるものなり
木の葉ゑて(日)日の恵ふよりてゝ實のり年の經る
ハ(日)のもてなし行ふ依てゝなる已ゝ世ふりふるハ
(日)の光ぐるに恵さげつてなる此(葉)(穗)(歷)(徑)四ッ
の物ハゝな(日)の恵ふ依てゝなるふハのゐきハあの
四声の上よあふ(ひ)の聲をしハ天傳ふ(日)ふおて
たまへり故ふ光輝の靈をなし志るハ中津國の
天のかきりふ在しますおなり。ゆゝわきたる
最上を(か)なり其頭きたるかの極り昼の處ふ
ましますし(日)なきそ尊きの至極なり理(ひ)の
聲ゑて尊くあきゝかなる天の性の顕きたるふ
なれたる至りいさらずと云事なし尊明ある靈を

具そ〇是より天の棚十五声ハ別傳なれ
だどづでぢがごぐげぎ右の濁の訳前に
同し理かの声ハあの声の上にあり顕ずしその名
あなりそを顕ハしそのハかなり則日の用なり
故に光り輝の霊をなす暗かりにても顕ぬなり
と志らる理この声をの上にありをと起まる形
のおりくゝ高間が原に至るとえハ微細なるに
故にちぢゝさくたまかなる霊をなす理くの声
ハらの声のおりて向へ往くつハ往き行とも絡
なりくハ止りて見へさる所故に付止の霊をなしに
天の中の道目のしかぬ處なり理けの声七十
五声ハ七十五声の終にいづる声なり故又御鏡乃
形をなす是則形消終る所也故に限り極るの
霊をなしにわハ志めよする生廻り囲むる其三

声の霊を結ふ故にき(き)の一声に極るの義を含む
鏡の極りなり(き)ふ(の)をむすべて右(か)(こ)(く)
(け)(き)(の)五声は高天棚の天の限りにしく其形
容目に見るべからじ

○内言、譯字の韻をめつて内言の本とし左の身の活動より発る詞を集て一條となし是を内言といふ是五韻に通ふて言の活動をなす故に又通韻といふ

	阿の韻	遠の韻	宇の韻	江の韻	伊の韻
行	ユカン	ユコ	ユク	ユケ	ユキ
持	モタン	モト	モツ	モテ	モチ
立	タタン	タト	タツ	タテ	タチ
遣	ヤラン	ヤロ	ヤル	ヤレ	ヤリ
取	トラン	トロ	トル	トレ	トリ
	未言將所始	自云詞	令言 自他通言	他示詞	過言既成所

書打喰呼泣継去切

	高	軽	低	重
喉ノ重音 用言躰言	タカウ	カルウ	ヒクウ	ヲモウ
イハ心ニ知ル故自躰也	タカイ	カルイ	ヒクイ	ヲモイ
歯中音 自他通言	タカシ	カルシ	ヒクシ	ヲモシ
キハ目ニ見ル処故ニ外也	タカキ	カハキ	ヒクキ	ヲエキ
牙ノ軽音 躰言他用言	タカク	カルク	ヒクク	ヲモク

内言ハ我より起るなきハまて見せらる之(宇)ハ自の用(伊)ハ自の躰之(し)ハ自他通言(き)ハ他の躰(く)ハ他の用也(く)(き)ハ上ふ位する故ふ他なり(伊)(宇)ハ下ふ位する故ふ自らのことなり自然の順理なり物を安くする高くする向の用を勝手ふするなり安くなる高くなる清寒暑悪強右他の物發する詞を集めて條となし是を外言といふ是五韻よからひく言の活動をなすこれを通音といふ此世の中ハ天を

いたゞき地をふまへて其中に萬のことわざを生育(ソダ)つる
のこされたゞ天と地と此三種の外にものあることのなき
あらくしかし斯三種とかたちを別たるもあり
其天にもおのづから亦三種の理をそなへて地にも
物にも三種の理備りて三ゝ九品とはなりぬ
なり天地自然のことわざにそなはる三種九品準
理をうる備へて誠に靈妙なるものなり
故に詞は天に象りて内(チ)言(コト)外(ト)言(コト)兩(フタ)言(ヘコト)乃
三種となり名は地に象りて形名姿名結
名の三種となり結は物に象りて上結
中結下結の三種となるなりさて此名言結
三種九品の準にしてよろづのものことは世界の
中に露そらりも
あらくきらかなり

故言辭活動（ユヘニユエフハタラキニモ）
亦有二三種別一（アソツチカミトミツハタラキアリ）
二種亦有レ三（コノミクサニマタミツアリテ）
三々成二九品一ト（ミツトミツココノツトナルヽ）

和漢ことの文字の結びハ定りのあるものなり
その定りを探（サグツ）りぬる故よてよかハのあしくある
なり一三五ハ數の起元天地の大極ふして萬機これ
ふ原（モト）つくさるハなし三足ならぬ孫ハ物ゐり立（タ）たず

天	物	地
詞	結	名
天 外言（ウイトキコト） 高祇 青赤	上結	姿名（スガタナ）
物 双言（タヘゴト）	中結 テニヲハ ヘカモヤヨ ぞるかとの ゆり	結名（ムスビナ）
地 内言（チコト） 行立持取遺	下結 ケリ ラン ナン	形名（カタナ）

聲各有レ義也

（コエヲノモヂノモユトハリアリ）

阿ハ頸を起る靈を具ふて亦阿ハ朕を以て示す頸を座せる弁實ハ幹正明の義をそなふ其神ハ天一の靈有て変化窮りなし古聖の傳え驕意をもつて論ひ識るべし

㊀あハ	朕を以て示ス	頸座の辨	實幹正明の義
おハ	緒を以て示ス	棄る弁	外を結ぶ義
うハ	鵜を以て示ス	浮沈む弁	焼取の義
ゑハ	江を以て示ス	元構の弁	注ぐむ義
いハ	猪を以て示ス	勢強き弁	正中の義
わハ	輪を以て示ス	別るゝ弁	一構の義

をうえゐハ前にをるべし

(や)ハ	矢を以て示ス	疑の弁	中ニ有義
(よ)ハ	世を以て示ス	呼の弁	顕を起る義
(ゆ)ハ	湯を以て示ス	騒く弁	潤沢の義
(え)			
(ゐ)			
(ま)ハ	間を以て示ス	全き弁	不切の義
(も)ハ	藻を以て示ス	集る弁	数寄の義
(む)ハ	鞭以て示ス	押當る弁	強押付る義
(め)ハ	芽を以て示ス	最初之弱き弁	花實を含義
(み)ハ	實を以て示ス	具足の弁	亥實の義
(は)ハ	葉を以て示ス	押開弁	巽(ハコンム)義
(ほ)ハ	穂を以て示ス	目ニ立弁	熟悶の義
(ふ)ハ	船を以て示ス	一向ニ行弁	不顧の義
(へ)ハ	経るを以て示ス	寒き弁	行過たる義

ひハ	火を以て示ス	一貫の弁	尊大の義
さハ	酒を以て示ス	騒く弁	潤澤の義
ろハ	衣を以て示ス	指さそ弁	身ニ添ふの義
そハ	酢を以て示ス	感ずる弁	付て不付義
せハ	風を以て示ス	せりかゝる弁	追行義
しハ	知る以て示ス	微（コ）ゆる弁	我物と成義
なハ	菜を以て示ス	留るの弁	押降る義
のハ	野を以て示ス	延るの弁	廣く續く義
ぬハ	叹（ヌ）を以て示ス	柔順の弁	ぬけ出る義
ねハ	根を以て示ス	見えざる弁	凝固るの義
にハ	荷を以て示ス	順の弁	身ニ付義
らハ	空以て示ス	周旋の弁	合等の義
ろハ	色以て示ス	指ぬき（イキミハタラク）弁	無形ニて顕義
るハ	丸以て示ス	壽活の弁	不廃の義

れハ	比目魚以示ス	寄廻る弁	片よるの義
りハ	鎗以て示ス	尖る弁	漸々細く益義
たハ	田を以て示ス	土の面の弁	段落の義
とハ	獨活(ウド)以て示ス	突戻る弁	強く當る義
つハ	津を以て示ス	万里一洋の弁	現在一結の義
てハ	手を以て示ス	用を出して弁	生死自在の義
ちハ	血を以て示ス	充満るの弁	動もすれハ溢義
かハ	日(カ)を以て示ス	量り難き弁	不成日在の義
こハ	子を以て示ス	物ふ付弁	凝るゝ義
くハ	串以て示ス	突込の弁	不傳の義
けハ	草以て示ス	消易き弁	小軟の義
きハ	木を以て示ス	高秀の弁	尊剛の義

可レ明レ依ニ神典一（カミヨノフミニヨリテアキラムベシ）

さまに紛る詞さらし詞をわくれは耳に分りぬめり
是そ言霊の幸ある国の古教にぞありける殊に
能辨に爲きみ（テ）（ニ）（ヲ）（ハ）の結詞なるぞかし
此結言葉といへるは一声の上にて自他を分り
そのなまでいと明らかになきさびにある爲かくぞ
去共中昔より其霊をうしなひぬるにや（を）は
（を）にかよふものなり（こ）は（の）に通ふものなど云て
るを打ぼろげになし侍るは（て）（に）（を）の霊哉
去らぬ拙き事ぞかしえより（松）には（松）の霊
ありて（松）の活動をなし（の）にまで（の）の霊あり
て（の）の働を添へあひしそのなまでが古しへぞある
妄（ミダリ）かましれるはかりくなれことありなれ（て）
（に）（を）（わ）の結ひ詞なるぞかし六のむすび詞と
いへる意て一聲のうへにて自他を別つものなれば

いと明らかになきはべあるを忘らさるを中昔
よりその霊妙らしなんぬるにや（そ）は（の）に通ふ
ものなりなど云ふ事をおぼろけになし侍るまゝ
（て）（に）（を）の霊をうしなひ侍ることぞかし
元より（松）は（松）の霊ありて（松）の活動をなし
（の）にも（の）の霊ありて（の）の働を傳へたまひし
そのなきばいかにへさるみだりがはしき事は
かゝるなきこととなり猶（て）（に）（を）（わ）のるいは真
細數傳へあり真心ある人に侍らへていやとこに
此國の寶とさかゆらしたまはらん○左よりに
皆初柱より結ぶ（ら）（む）は初柱留柱よりむすふ
（な）（む）は初柱留柱ふたりよりむすぶ外韻かくは
むすびされぬなり右の詞侍ぶむるところ詞の躰
をあらはし延るところは詞のはたらきなり

結　名　姿名　中結　體名　中結　双言　中結

霰門よいなかふせ多けるなり

姿名　内言　姿名　中結　體名　中結　双言　中結　内結

けさふく風の音にも来ぬる里

姿名　双言　中結　姿名　双言　中結　下結　下結　姿名　中結

春過て夏来にけらし白妙の

體名　内言　内言　姿名中結　體名

衣ほすてふあまの香久山

體名　内言　中結　體言同　中結　體名　中結　内言　體名

足引の山鳥の尾のしだりをの

外言　姿名中結　姿名　中結　双言

なかなかしよを独りかもねむ

體名　中結　姿名　中結　内言　双言中結　双言中結　姿名中結

田子のうらにうち出てみれば白妙の

あゆひ抄

十七

體名 中結 外言 體名 中結 體名 内言 内結
ふしの高根に雪はふりける

姿名 體名中結 體名 内言 双言 内言體名中結
奥山に紅葉ふみわけ鳴鹿の

結名 内言 姿名 中結 姿名 中結 外言
声きく時そ秋はかなしき

姿名中結體名中結内言 體名中結體名中結體名中結外言
秋の田のかり穂の庵の苫をあらみ

結名 體名 體名中結 體名中結 双言 内言
我ころも手は露にぬれつゝ

姿名中結 形名 姿名 中結 姿名 形名内言両言中結
天津風雲の通ひ路ふきとぢよ

形名 中結 同 両言 両言 中結
乙女の姿しばしとゞめん

萬葉集之歌
ヨニツヨノヨセウタハ

亦多云此理
マタサハニコノコトヲノベタリ

敷嶋の日本の哥ハ古へすなほなる人の真心より
出るまことをのべ述らひし哉三十一声にいふ
定めなく大和うたといひしたまへり此三十
一声の哥ハ素戔嗚の男の尊より始るよし
古今集のはしがきにも見えたるべきにもその
起る法則哉ハござれどもはや三十一声の哥の
ことならバ三十七声のかしらにふ定めく まる哥
なとこゝもこゝろその規矩ありてこそさだめの人る
そのなかにも哉く言葉の真洲鏡に照し
なほもあそらぬにあらるべしされども哥ハ
あふ話のまことを哉のぶることなれバかりにも
たゞむきたるを云なりしに歴うらに又言を
たゞみに聞えかくみ思のむ歴うらに古へ
まるみなりし世にも唯きこゝ申しきをよ

となしたまへり皇國(ミクニ)詞の拙ろげに覚ゆるは
漢音のさての心に覆はるゝと知るべし孺子
の物を見てこゝろうごきて眼の中に喜怒
哀樂の意味をあらはし発声に拙まふとれ

舊辭之善美
ミクニコトノウルハシキ

必阿と云初てのちおうえいまで移る発聲
あることは古今同一理なり考ふべし天地比

實ニ天地ノ純粹ニ
マコトニアメツチノミスマルナリ

たとへ心を合せ物我產て出きて譬へば海濱(カイヒン)に
魚るいの生するが如し明石の鯛へかたちも
味ひも皆同しく若松の蛸はまた形ち味ひ
同しうして味ひ最よし實に是地の肥たる
と脊たるとによるなり我国の良壤の徳の
うるはしき事知りぬ尊むべし純氣見る
所の形體にふれ発きてまたべ我體の神氣直に
純声我発射し出きたなり

純氣觸ニ發形ニ
アメノリカタチニフルレハ

無一点私曲（スコシクモタムルコトナシ）

金即發金音（カネハスクニカネヲトナリ）

木即發木音（キハスクニキヲトナリ）

獸即發獸聲（ケモノハスグニケモノヲトナリ）

鳥即發鳥音（トリハスクニトリノヲトナリ）

余按するに中國の人ハ一点の私曲なしとも奥陸と薩摩と議論すれバ風土異にして氣を稟ること稍ちがひあり去れハあまりとも仲人以上ハ其違ひすくなし中人以下ハ違ひめつともすあまだし〳〵是自然なれバ隠し包ミもなし〳〵ぬ所あり故支那西洋に至るまで奸曲朦朧なるもまゝあれども金銀銅鉄其証性にしたがひ音各異なり堅和器械ありしたがひその音をなせども他音紛らはしき聲なし是其性なれバなり

白貘麒麟ハ再び出ざれバ若珍禽奇獸を看る者ありといへどもみだりに殺すを屑らざれ

鶯この鳥雲雀かなりやのるい囀音多しといへども六七音にすぎざれ

虫即發虫音（ムシハスクニムシノヲトナリ）
魚即發魚音（ウヲハスクニウヲヲトナル）
自然相應聲（ヲノツトアイアタルユヱナリ）
曾不作爲音（カツテツクリユトニハアフズ）
然皆三五音（サレトモミナミコヱヨコヱナリ）
雖多六七音（オヲクトモムコヱナヽユヱ）
至十音稀也（トユヱニイタルハマレナリ）

虫ハ可愛艶声多しといへども何ほどもおなじ
音を発しうたひ鳴なれバ多音にまで渡らじ
河鹿江豚などゝいへり[illegible]らなどぎ窮すれ
バ鳴て発音までその声あるまじなり
心よりおのづから云出して声あれバ正不正喜怒の
折にふれて其声をなすハ是相應の自然なり
作意の音をなせる者ハ役者盗賊のなす正しき人
の曾て用ざる所なり声を改め云ハ必邪悪窮迫
あらん声ハ本陽陰（ヲ）の調和より発すれバ鳥の如きハ
陽八陰二の性（サガ）を受て生るれバ飛翔自在にして声
軽るし獣ハ陰八陽二の性を受て生るれバ気を横
に受て馬ハニイ牛ハモウ長く鳴て二ともモとも短く
ハ鳴ぬ也人と禽獣とを合せ考へみれハ勝劣ハ遥に
隔なりある雲雀かなりやと雖十音に至る稀なり

西洋廿六音 ヱミシハハタチマリムコヱナリ

漢梵五十音 カラハギハイソコトナリ

皇聲七十五 ミクニノコヱハナヽソマリイツヽ

天地之大極 アメツチノリキワミナリ

正直雅美矣 タヾシクウヤキコヱナリ

體堅者聲(ハ)高(シ) ミツヨケレハコヱタカク

鷗羅巴諸洲ハ總て簡易をよしとはなせど、ル國土の性ニして自由ハ音の出さる有我國ハ於てハなきニあらバ一概ハ論をて唇うらバ声ハ人の賢愚ハよるものなり

支那印度ハ皇國ニ比を後ハ文法遥ハりをやし韻学行をれてハ四等ニ発声せて

あの一字より起りきみの二柱興りぬひ五棚の神八百万の神〻を生たまへの其ち基をひく

天地ニ弥綸(イワ)りて一ツとして闕たるあるなく充満したる〻鏡の面をる磨らるるに光り亨る實ハ是大極あり實ニ正しく直(スグ)ニしてこそやぶふらるへしれるり知る唇しゆえニ旧辞の善美なるとの玉へり

體の堅き者ハ性質剛健ニしてく精神とるも清くく筋骨榮えて肺氣爽(サハヤカ)なり

體柔者聲低（ミヨハケレバコヱヒクシ）

心悦者聲浮（ココロヨロコブモノハコヱウク）

心怒者聲尖（イカルモノハコヱトガル）

心憂者聲沈（ウレユルモノハコヱシツム）

心懼者聲振（ヲソルヽモノハコヱフルフ）

心驚者聲躍（ヲドロクモノハコヱヲドル）

声低きものハ肺氣柔く張縮力少し故ニ欝憂よりかゝる事多く総て不足をあらはし

心悦者ハその事総て浮くうけバ必心室空虚也跳忽越度不孫の事もあらんか

怒ハかゝきとありて又短キと忘れ大事にあさまず聖人といへども必いかる怒に大小有り妄に怒べからず

愚者ハ常に患をいだくといへども其元ハ主人の心得不仁にして教諭行届ざれバ故に声沈むに至る

心懼る者ハ無藝無能にして膽汁すくなき徽なり心に知覚あれども何ぞ恐振の僻有ん也

地震かみなり甚しき時ハ必驚きて心中飢ゆ是神の氣怒目前に未格しあるに故なり要慎せざんがあるべからず小事に驚きて声躍るや肝症虚弱にかゝる事常に安心の法を喩て

吉人之辭寡（ヨキヒトノコトバハスクナクシ）

高貴の真人は元より辞すくなし五徳そなはり威ありて猛からず萬民仰て父母と称奉る

躁人之辭多（アラキヒトノコトバハヲオシ）

躁がしき人は神散て眸子眊し志氣正しからず多弁にして要處なく取乱して言妄也

誣善人辭游

自より他を誣る其罪おほひなりと偽して善教善事に至るまで彼と云是と云非難を云たつる性質の者間に有ものなり其僻かならず憂恥ありて死亡しおちいるの徒なり

失守者辭屈（マモリナキモノヽコトバハカヽム）

辞の屈する者は心氣不定其任役に暗ふして守りを失ひ迷惑するは前知せざるが故なり

是其一端耳（コレソノヒトクチノミ）

右に云僻説は古人の譬喩其端を示して之にありのこと也人心の同からざる面の如し古賢も尚病り

微妙奇瑞極（コマカクスヾシキトコロハ）

奇瑞の極めは之鏡の天の棚十五音乃理義と太占のうらべに向ひ深く考ふ應し

得法則規矩
（ノリミチヲエテ）

此儀自得則
（コノコトハリヲヲモヒシレハ）

對人先識心

如治亂興廢
（ヲサマルミタルヲコルスタル）

未前悟無誤
（サキニサトリテアヤマリナシ）

知得失存亡
（アルウシナフアルナキモ）

未發了辨也
（ハヤクシルナリ）

法則ハ太占の筮法規矩ハ目當の取廻し是を能それバ幽明の故鬼神情状をしるにいたる

此儀をよるより二般あり自得しよく忠信ヲ主とし國家のためニ人をしる事肝要す

人に應ずるとき其處にあひさび多少の間乃所望より曲直是非をよくしることなり

無欲にして世の中を大觀する則ハ治乱廃興の成行未來の変に大概ハ見透しの付その道

されどその日の家業を専らにし未前に考ヘ大事ハ勿論小事たりとも過なきやう致度古之

ことを則和漢とも兆をしるかくびいまゆさ現在の体為をミてもおきらかにしる事なり

されバ常に人心道心の大倫を学び貯へ未發乃災害を辨へ家尊先祖へまで恥辱を受ることなかれ

故詐謀僞佯（ユヘニイツワリタバカリコトハ）
欲行無尺地（スヘキヨレモナキナリ）
人雖有小惡（ヒトハカアレニアリトモ）
其事忽顕矣（ソノコトスクニアラワレン）
然三種自然（シカレテミクサノナガレ）
度量布行則（ハカリヲシキヲコナヘハ）
無爲至道顕（マコトノウマキミチヲコル）

不實の計ごとハ遂ぬと云ども人々心得あれとも
一時の欲心より邪路に陥り身を果す者多し
悪事ハならぬものなれども幼年より
脩心の術によき者を養ひ置ハ行ふ心ハ出ぬもの也
心ハ小悪なりとも声と聨子とにあらはるゝもの也
人何を庚（カクサン）や　君子上位に在ハ則千に一所也
隠せしことも顕れぬと云ことなし己が悪をかくすとも
あらはるゝといふ計りとも忽あらはるゝものなり
天地萬物の自然ハ七十二候の通四時おこなはれ
身分相應の務をなせば花咲實のりて万ねん
自然を布行ふハそれぞれの職掌を法とむるに
あり上の命令を疑ハく他を称らんぞ
無爲にして忠信を主とし年を積バ其勤功
おのづからあらはれ至徳要道の場にいたる

天下愕然而（ヨノヒトヲドケテ）
忽一歸一和（タチマチヒトツニウメアハシ）
衆議一決也（ワレワレノココロモサダマルナリ）
其三種何哉（ソノミクサトイヘルハイカナルモノゾ）
曰斛尺量也（イハクマストサシトハカリナリ）
非二通用之器一（ナミナミノウツハニアラズ）
非二人製之物一（ヒトノツクリタルモノニモアラズ）

一度上よりの命令あらバ衆意一決して轂股の樂に浴せん仰き尊むべきハ神教なり

各主の法を去て無爲に一和し無慾に一帰したることを知り勧樂壽長窮まるなし

無爲の至道をのりこちあふる故に多くの人の和合して何事も不足なく衆議一決するなり

度量を布行ふといふ何のいはれぞや三種ハ數多き教のことゆへ其名目を聞えざらんとなり

謂へらく斛尺量ハ眞洲鏡の句々字々の靈と義哉さしくりに譬へなり

故に通用の器にもあらじ儼然として神府より天地自然に備り満る無窮の大道なり

中々人の工をもて書なしぬべき業にあらじ天津緯十五文字に充々て奇特炳然たり

嚴乎在神府
ヲコソカニカミノミモトニアリ

至理存神府
ムタノツノカミノミモトニアルヲ

以皇鏡觀之
ミカガミヲモチテミレバ

雖愚夫愚婦
イトヲロカナルヲトコヲナゴモ

爲自得辨明
アキラカニサトラル、ナリ

舛尺を以てもハ五捌ふ分ち三五ふ位し神祖の教を尊奉し其配當ふ本き道を守らハ天下ハ自ら獨平らこのなりの鏡中を神府といふ諸神籠在故ょ神府と稱も考ふ在し

至理ハ陽陰の道を始放てバ六合ふ彌り巻バ鏡中ふ潜む大業神德至まる哉矣也

皇鏡を能々照し觀まバ君臣父子夫婦兄弟より天文地理一ツとして備らさるもなし

條理ふ明ふして脉洛貫通し濁字ハ別ょ字音を分ち○輕字◐中字●重字備り足らさることし

篤種大平氏の倭神代文字骨ハ折らまてし文字なきとも更ふ清めじ評判愚才ょ能る

皇鏡の稜威大小ふ向へハ舛となり輕重ふ向へバ量(ハカリ)とあり長短ふむくハ尺となるあり

軽重欲正極
ヲモキ カルキ ヲ キハムトスルニハ

物の軽重ハそのうち罪科の軽重ハ明知をもつて定むるに不中といふ支なし分厘に至るハ量に志らく

非量賢者誤
ハカリニアラネバカシコキヒトモアヤマラン

非量誤なきこと能ハぬ量をもつてそれハ下愚といへども必能正極し冬も是非量の譬詁なり

資天氣受呑
アマノツヲヲウケノミテフケハ

天氣を受吸して肺におさめり神籠りて発声もて仁不仁吉凶仁政苛政天下に流る故可慎第一也

即化成皇聲
ヤガテ チリテコヱト ナル

天氣を継呑されハ声を發もするとあきらけく知るべし声ハ即天地の度量なりと心得べし

正指口尊稱
マサシク クチノイヲホメタタヘテ

心に懐ひ口より発もて心術練丹ハ僟にハ行されぬ物なれハ幼より学白首に至りて天命を知に至る

謂天之沼矛
アマノヌボコト イフ

心に思ひ口より発声もて心術練丹ハ常の鎮謹にあり幼よりまなびく踈忽の詞出もべからく

則云仁斂義
コレヨキツルキトイウコ、ロナリ

矛斂ハ罪ある人を刑伐の具なり刑もて為べき斂を仁といふ神慮の徳行後人の亀鑑なり

舌亦有劍號（シタヲモツルキトイヘリ）

舌剣ふ鋭鈍あり賢愚善不善の性ふもよるものなり性善ふしてく学術多き方よし

八拳十拳劔（ヤツカトツカトモイヘリ）

神剣ふも長短あり八拳ハ三尺貳寸十拳ハ四尺喩し剣号ふもとしく、

一身中最切（コノミノイトヲモナルトコロハ）

體の中尤大切なるものハ常の心得かたなり善ふ志し善師善友ふより義氣を離るゝなかれ

莫甚自口舌（クチヨリヲモナルハナシ）

心よりおもひ口舌ふ発する事なれハ最大切の具なり神代より深く是を戒め給ふなり

心口不正則（クチタヽシカラネハ）

心正しうして正邪を分別して寔（コヽヲモツテ）用神明の寶もと皇聲よりうつくしきハなし

禍亂隨起也（アヤマチヨリヨリヲコルツ）

言悖て出る則亦悖て入る我より出るものハ必我ふ帰る乱逆の徒いかふ外るゝとも天神豈許所あらんや

皇神平天下（スヘラミノアメガシタヲサメ玉フハ）

神武帝の大和ふ遷都し玉ふや世若ふして諸器いまだとゝのへざるとも文音敏鎌の利そなる

以皇聲為宗（コヱヲモテモトトスルナリ）
故訓治平字（ユヘニヂヘイノモヂヲヨミテ）
言向和合云（コトムケヤワストイウ）
皇聲継天序（ミカヽミノアメツヽクヨシハ）

皇声の瑞をあらはして欲律令を量らんや
量找捨て軽重を論ふて賢者もかならず誤らん
手向をことむけ言向同義なり應接のとゝき
勿論小事たりとも心に訓へ置て決断すべし
天下治りハ仁を以て元とし仁言をことむけ
喩せハ和らき靡かざるハなし
口を閉ひて氣を吹鳴音即阿声なり阿声吹出し
後て唇を約むるハ即鳴音於声なり又其まゝ
唇を約め合閉して氣を舌に當れハ鳴音則
宇声也合閉するが故り其氣舌にふれて鳴
音即衣声なり又其儘にましして牙にふれて
鳴音即伊声なり阿於宇衣伊此五ツを大母
とハ是則口を開くより口を閉るに至り自然に
発して文の序を成まて尊稱して面足の尊と云

又聲根韻故（マタコヱノネモトナルユヱニ）
稱讃賢根尊（カシコネノミコトモニイフ）
尊即皇言也（ミコトハ　ミコト　ナリ）
然後此宇聲（サテマタコノ　ウ　コヱ）

阿於宇恵伊の五母字五十六子得ふ通韻しつく
その脉洛の正しきるゆ自然ふ非れハ成らじ
我國ふ斯尊き正しき文字あるをもつて過ふし
ハムやしからじや故ふ賢根の讃稱あり
神代より此稱号ある事ハあきらかなるをもて
文字ありて皇言の尊たる事ハ志らず
湧出て鳴音和声也なり此伊声飛出て鳴音也
声なり此二ツの声を別列の父とりふ於声を吹出し
流て唇を強く約め打合せ時鳴音即保也宇
声吹出し流て舌を鈎あげ氣を鋭されハ鳴音ハ
祀声なり伊声吹出し流て氣を流ふく牙あり
むる鳴音義声也義声を軽く呼則ハ鳴音
幾声也重呼ゑて鳴音知声なり

テレネ	フスズ	ポボモ	ヤワ

此十四声を

キギヂ

相連成皇鏡（アイツラナリテミカヾミトナル）

萬機龜鑑也（ヨロヅノコトノキカンナリ）

日月星辰之（ヒツキホシノ）

列位本實體（ツラフイマコトノカタチ）

人倫之大極（ヒトノコトノスベト）

龂生父といふ唇を則唇ヨリ會し齒へ則齒に
會し舌ハ則舌ヨリ會し牙ハ則牙に會を音
頭の音也二七ハ父五八母五十六声自然に發
声するなりわくて作爲の音ヨリあらず
然して此大父母陽始陰始をめくつて相交合
して子ヲ得即声なり陽始陰始ハ音頭の謂也
陽始ハ父字横に進むを云陰始ハ母字立に進む
を云是萬物の章からうみして永世の亀（ヨキ）ゑこ也
星辰の列位ハ保井春海の圖最善二十八宿五千
一坐其圖に違ふハなし太虚の中不動恒星、
永世位置を乱さんばしまばハ誠ヨリ感激ヨリ
堪たり列位實體の禮義の宗元たる處し
仁義禮智ハ天の緯に備り中津緯に充満して
其活働極りなし故に人倫の大極にて鏡にあり

君臣父子道（キミオミヲヤコノミチ）
夫婦幼長順（ヲットメヲトナトコノミチ）
四氣寒暑之（アツササムサノホド）
運行収萠節（メグシルネイリノトキ）
風雨雷電震（カゼアメイカツチイナヒカリナヒ）
雲霓色之物（クモニヂハタテナドノモノ）
從此准理起（コノチノリニヨリテヲコルナリ）

君臣治國平天下脩身齊家道を始とし其奇瑞の多きあけて云べからず天地の大なるもの所なく世界の廣き至らざる所なく唯一面の鏡に移りて明らかなるにまして其中にあるなる種々の小き物事に於てかやときもぞ今の身として生前死後をさとり時氣のゝ去りて至らず至りては去らぬもあり雨多き年は六月寒き氣候はまゝあることも也水旱不順なる程天津神々勤勞勉勵なしなることも明らかなり山々の峯のゝ風吹て里へ雨ねことはあり雲湧霓かゝるといへども中々降ねこともあり何まても太古変化の條に委し禽獸貝虫魚性味觟毒草木の花實名状氣の厚薄推量するに當らざることなし

其機活動静
（ソノキサシヲキイリモ）
以此理号令
（コノリヲモチテセシムルニ）
皆恐謹伏従
（ミナヲソレツヽシミテアナナウ）
亦皇朝文字
（マタミクニノヲシヘ）
存有皇鏡内
（ヒタクルミカヾミノウチニアリ）

爰よ其機活とゆふハ大ハ天體造化を云小ハ人
身の諸器官軆動静機活をさしてゆふ
此理ハ此鏡の内ふ有て備り充て事々物々活動を
なさしむ理を云号令し玉へバ上意よ随ひさるハなし
天下の事政義一度命しあへバ皆恐謹ミて皇令
ふまつろひまつり随ハむとゆふなり
則左ふ書著もて天地自然大占の四大元の神霊
たゆり清しまん阿の一點より顕ませ起りし清字
濁字を別よ自ら産出て父母相遇て子を生し
都て七十五声の大皇鏡自ら成まて大日本の真
教とは御室の御所ゟ拂の反故の内より出しを
中村光道と云人買求て一二三四五の目当木
畫せしを余探題して左の通よ荘厳せし也
故不行届ハ後賢の清正を待希のことなり

其數七十五（ソノカズナヽソヤリイツヽ）

授字識聲形（ヲシヘヲモチテコヱノカタチヲシリ）

皇神之恩賴（スベカミノミフユヲ）

瑞組木を以是書に篆體の行書に近し然れ
とも他國の文字を假りて書しとハ愉快（コヽロヨシ）と思へ
り古人も本朝文字なしの説數かハしきなり
字を授り声形志るかこと喜ハしき至りなり
此ね鏡ハ天皇の受継せ玉ひかさね崇とふか
しきみあひ臣民の末に至るまてゐさふるなり
守りて祭りて大皇國にらしく安に安く幸あり
し明らかなる志るしあるか大皇教をその神の
皇國に生まれその上古の神別皇別の臣達八
十伴男達の苗裔にありなから上古神尊の
斯まかり厚れ廣き高き大なる大恩賴を
わすれ奉り天津皇神の大皇命に背き
奉りて此皇教を崇ミ恐ミまつらひて已ら身
に行ハむとしてきほひに及ハれものら

可ニ奉拜恩謝ス（オロカミムクヒマツルベシ）

自レ口出ル聲ノ形チヲ（ヲノヅカラクチヨリイヅルコエノカタチヲ）
其儘摸寫而ニ（ソノママウツシトルニ）

以ニ瑞木ヲ組レ之ヲ（ミヅヽヽシキキモチクムナリ）

猶も神代の昔に歸さむの大御心まりして深く
神代の古事を探り求めたまひ幽事顯事
大政事を始並に古復の大搭（ミサダメ）に基（モトツカ）せ大政體
成立させたまひ下ふのりおちあひあり挌ぐ
其御心の自然神の御心に叶はせたまひてかしこき
きるになむき悟り教ぬにまゐらせ奉りぬ
口より出る聲の形の見ゆべきやうかなしあるに
爰に明らに音於象は☲☲（ヲト）あらはされ出るなり
七十五声を其侭うつして一面の鏡となし萬教
の基をたて玉ひ言霊をもて物事の法を教させ
たまひ叔已ら身に顧まれ無想の鏡に向ふ
よりは明らかにして氣性心魂の本迹朦（シラ）べきを色
右あらはれ出たる文字の形を瑞々しく紀
玉木串を組名付けてみづくぎといふなり

故謂瑞組木（ユヱニミヅグキトイフ）

文字の中に自然顕れ出る聲の象と靈と義理と備るハいとも尊き事ならずやたとへば
○何の字のこゝろ音の元なる故天元の一を具し大極の象有が如し字々神有りて妙なり誰か虚言といはんや漢字のごとく繁冗（シゲキ）ことなく古人も文字なきをなげきし種々心力を碎きしも不當のあるにて真の用には立ずいまだ太占の世にあらざれば先にも大家も是非なし
さて我家系の絶えてあるまじきにも若何國の誰かは我と同性なるを聞が胡越を遠しとせずしても行て懇に向求んにまさに我國の文字何國の何の宮の額にも有と聞が遠きを厭ず疾行きて看定め帰りて勘訂して喜ぶべきことなりけむや

雖愚夫愚婦（イトヲロカナルヲトコヲナゴモ）
必洞得天功（カナラズアキラカニウヤレツキテ）
至自得辨明（サトリウキマヘヱルベシ）
所以卓越於（アマクモノソキタツウチニテ）
宇宙界此斯（ヤマトヲアナヨシトイヱルヲ）
有妙鏡存也（コノカヽミニシツマリマヒルエアナリ）
布斗摩邇儲（フトマニノマウケ）

韻鏡ハ見もしらぬ女ならんとも人とハ父字の
緯（ヨコ）母字の經（タテ）と互に進めハ骨肉備りて其下に成ハ子字之
天功を得るハ何を指定候と母字の起る自然
をあきらかに悟り得やすきをいふなり
人の作為にあらざれバ婦人童べといへども自得（カテ）
し安く明らかにわきまへるに至る是自然なれバ也
皇國ハ東方の頭（ガシラ）にありて宇宙（オホゾラ）の首なりまた
人間の氣性を始め萬物万事卓に勝れ
て越るとの義なり前にも云るが如く尊卑
華夷の説さらにおいても黒白判然たり
宇宙界に越勝るハ全土地の善悪に生るゝ
人の好に付聲音ハ行届てむ鏡妙（タヘ）なるなり
儲ハ作り設るに天に本つき鬼神の情状探り求
め瑞木に天地火水の目を彫り神明の機を量る也

天地神明機（アメツチカミノツヲ）

以玉串目識（タマクシヲモチテメニトルナリ）

可恐可尊義（ヲソレトウトミマウルベキコトナリ）

神府産靈臟（アメノヤスノカハラハカミコトヲ）

自在於掌中（テノウチニトリアツカイスルニ）

機ハきこなり錦をおやどり織ゐ樞機なりそ
ハおろゝ神政の行届るゝ誠ハ涙のしぼるゝ手也
玉串ハ四角木也〔・〕の裏ハ〔・・・・〕之〔・・〕の裏ハ〔・・・〕之〔・〕〔・・〕〔・・・〕〔・・・・〕此象
是を大國主之命と稱へ奉る是大占の大極なり
仁義禮智孝悌忠信ハ孔子の傳教尤貴しと
況我國神聖の御傳をおそれ尊まざらんや
神府ハ高間が原岩戸邊也産靈ハ萬の物を
うみ出せる大元之臟ハそらわざ心肝脾肺腎是
なり其連屬官能ともに云難し故鏡に云處ハ
掌の中に八島奴士美の神を配しおぎいぶらく
志ぽさの妙用我以て時々刻々の吉凶を占ひ
進退動止を判断せるに當らむと云る也
將たる者令を下しし時先本心に深く考へ志ろ
してのち決断志がたきハ右の占（ウラ）べりよる便し

故造化之源（ユヱニムスビノミナモト）

古聖之事跡（カミツヨノヒトビトノフルマイヲモ）

今當資現證（イママサニクテニトリアラハスベシ）

夫建御雷神（ソレタケミイカヅチノカミノ）

神化ハ悟り難し人化ハ悟安し精密會宗天工
開物のたぐひ蒸氣機寫真鏡抔を以ふ

是ハ古事記日本記等神典を元として大政所
の命令御高札の表是なり漢土堯舜以後の
諸聖ハ各主の法あれど皇國ふハさらに用ゐし
唯孔子の忠恕一貫のみなり

今現に證を所ハ漢ハ四書六藝の諸説の外ハ
なしこれ又小儒輩戰國の要ふたつハ稀なり
大夫たる者心得ぬくべきことなれども國家乃
要に立ぬ事敗家原の行狀を見よ
是ハ神代の事なり葦原の中津國を平治し
あかを云又震の来る事斷とし恐て幸を致さ
井雨降終ゝく笑言啞々としく只大君の命を恐れ
畏めハ治平の幸うたがひなし

平治（ナカツクニヲコトムケタマフ）中州焉

百發百勝焉（カチツヽケテマケルコトナキノ）

不勞役多卒（イクサダテムカヘハカナラストリ）

海内忽平均（クヌチタチマチタイラギヌ）

中州（ナカツクニ）を上國とのふが如し天下泰平を願ハ常ニ道徳を修し公道の命を忠（マメヤカ）にかしこき主人より末々まで教抑へ是ぞ平治の本なり等閑の族ハ徒ニ家名を亡し妻子離散せ

百勝ハ神策のむとゐとして違ハざるをいふなり陣々を配り置き彼是を見量り軍令を定む是に於て龍宮の秘を發し向へバかならズ服せしめ戦へバ必勝の仁策を施し潮干の玉をもちゐ

軍ハ勢の多少によらズ只君臣相親みて一體に從バ小勢といへども必勝なし　神功皇后周文王是也

國中治りて均し皆平かなり治安ハ人のおもむくところ雷雨降潤ふて田畑山林虫魚までにいたるまで蘇生（ヨミガヘ）り祝事かぎりなし仰き尊む處し熱さも喉三寸の譬忘る處からば

正機一極法（ヒトスジニキマリタルミチナリ）

蓄人失此儀（カラノヒトハコノコトヲエシラズ）

曰兵詭道也（イクサハアザムキアイナリト云リ）

機ハ糸筋の躰貫通りて少しも道ならぬ所と
なし征のことたる正たり己を正しうして
誠あれバ亨る此一極の外神代より外ニ道なし
志のして兵を用ゆる支迅速を尊む雷電の
おとそしるが如く汝らそし誓言より従がそ
むかバ罰汝が身ニ至らん赦処あることなし
の厳令一致ニして昼夜をわかたずポンベン着
燹火輪を連發し死地ニ入て粉骨砕身し志ろ
して活路を前知し士卒を殺さぬハ将の方寸
常の教導煉兵の浅深ニあり

治國軍法の事ハ国ニ法律ありて政體一なれバ
彼此儀を失なばて又國柄相應の治法あり
兵を合し戦の場ニ至てハ互ニ謀を設け詭き
て勝を取るを要とし信亮妙を得たり

如曰詭道則

午角同輩也（アイタカヒノコトニテ）

互ひ智を戦はし正奇交その場の勝ハ一旦取といへども名義正しからねバ誠なけれバ終にハ滅亡に
無智頑愚の賊徒無名の軍を起し空く自滅を取のミ五分〻〻の争ひ又何の詮かあらん

君臣官賊階（キミヲミミイクサヤツコノワカチ）

君公の御師伴男諸候の軍奪國乱賊の軍名義區々ふしてその位階種〻なりたるに
君臣の大義をわきまへずて無理の強慾心より詭道を事とするものハ唯盗賊なり

何處在如此（イツレニアリヤカクシテハ）

總て無名の乱暴を企る族一時の即謀により悪徒浮浪の輩黨を結び相集りて我身に利を得ることを欲すといへども一人もなしとげたる者古より曾てあらなし斯如きも

能欺者雖賊（ヨクアザムクモノハヤツコナレドモ）

各主の法に戦行ひ遂ぎれハ王たらざる者ハ未之あらざるなり頼る悪徒詭道を行んとありても

必勝否者敗ス（カナラスカチヱアサムカスモノハマケル）

奈何其足レ恃ニ（ナンソソレタノミニナランヤ）

可レ見ッ漢蕃ノ世（ミヨミヨカラクニノアリサマ）

王家之賊滅ス（クニヌシトイフモノツブレタルコト）

一聖賢の處置ハ天吏にして無道を罰し萬民を救ひ給ふ我神人と同意なり廣き世にも強悪奸智人出て國乱をなしし者倭漢ともに多くあるなれども終に此旧弊の遂ざるを思へば堅く慎て誤るべからず欺かせることは決して出来ぬものゝ否らざる者は敗北して命を損せ如何に考へ見ても謀叛に組し未の遂ぬおもと明らかなるべしとても頼むに足らぬことなれば夫よりは父兄の教に随ひ小禄にても家業を正當に守るの外安心の孝道はなしと決定すべきもの也

漢ハ劉氏高祖の國号蕃は藩けし諸國といふの如し世は帝王諸候首爵の一代をいふなり

尭舜の代より明の末に至り王室の敗滅凡二十八に至る十八史略諸書に見へたりまさ王位り

至今二十八（イマヤミソヂカクアルナリ）

皇軍神策否（カミノミイクサダチハシカニハアラズ）

官軍者咸勝（ミイクサナルモノハミナカチ）

昇る人々ハ賢明俊傑ニして人を治め四方を帰服せしむる才ありて靡き順へとも代々あり奢侈ニ長して己より身持不埒ニして終まさ各主輩起りて敗滅をあまりにける

のたまハく常ニ見その大登目至尊の宮中ニ守護しあひ寳祚と八島奴志美の神守八咫雅の瑞ありて隠謀叉賊の犯せる罪咎を奏したてまつるハ聖主の心中ニ活動し八百萬の神守戮力一心ニして正征し神人符合の大政古の神策も今の大政體も同一理なりけらし

日本武命東夷征伐より以来國々叉賊正伐のこと數度ニ及ぶと雖も終ニハ官軍咸勝を得て天下巍然として斯の如し一乱一治ハ自然の清濁時運の盛衰天徳の傾直ニよるものなり

賊兵者盡敗（ヤツコトモハミナツフルヽナリ）

雖鬼神束手（ナニカミトモテヲタスヨシナシ）

昔神武天皇（ムカシカミヤマトイワレヒコノミコト）

緫御宇内矣（アメカシタヲシロシメス）

亦神功皇后（マタヲキナガタラシヒメノミコト）

賊兵ハ公命ニ非ずして私欲ニ無名の軍を企て
國王ニ成べき望ミ昔ル今ニ折ミ出て益ゝ敗滅す
陽精を鬼といふ陰精を神といふ唐土の説なり
禍津の守る手を束ねて敗北すといへり
鸕鷀草葺不合尊四の皇子にて名神倭盤禮
彦の天皇と稱し奉る五年四十五歳の時に師
を築紫の国より起して東征し給ひ終に宇
内を平け大和の國柏原に宮柱を立て都し給ふ
に在位七十六年にて壽百二十七畝傍山の陵に葬り
奉る是王基を開き給ふ人皇のはじめなり
宇内（ヨノナカ）を緫（スベ）治め給ふ草昧（ヨワカ）なれハ治具整はず教道あ
らはずして四大元の大道を教へ布きたまふなるらん
皇后ハ開化天皇の曽孫氣長宿祢の女なり三韓
を志たがへ築紫に帰り玉ひ皇子にて誕生あり

一舉ニ征ニ三韓ヲ

正ニ是此法也

神聖治國ノ法

獨立之大典

何者カ不ヤ議焉

皇祚ト與ニ天壤ト

新羅高麗百濟を三韓といふ一月にして征伏し
たまふ朝鮮人も其徳に感じまつろひぬといへり
宿称の命補佐し給ひ至誠の治術をおこなひ
満涸の瓊を用ゐて喩せしとかや剛克柔克是なり
神人一致にして神代も今も蛇は切善は賞し悪は
懲しめて厳令の外治國の法は他事なきなり
独立は大道也四元なり萬國同一理にして多端
なることなし大全一切經は史人の説也
議せし者は文王孔子也何までも其自然を解て確然
たる天理の定究を宣たり韓康伯弘坊が徒の如き
も聖意に背き經義を穢し責僧にして世俗を
迷はせて大罪諸書見へたり悪むべし慎むべし
皇祚は天代々の天宝の總稱なり三種の神器宝瓶
真洲美の宝鏡のみならず皷用ゆれは治平の妙法

所以無窮也（キハマリナキユヱナリ）

大占玉串儲（フトマニノタマクシノマケ）

起元令名號（ヨリテヲヨルモトノコトハリ）

天功而神秘（アマツママニテカミイミコトゝ）

猥露漏天機（ミタリニアマツカミコトヲモラスハ）

宝鏡に如くハなし人倫の位階炳然たり脉洛貫き通り無欲の味ひ磨得らくまる處し

神武帝以来より當今にいたり昌平無事尚万劫もまた此の如く祥瑞究なきハそれなり

布斗麻尓の形象ハ瑞木をもつてうらなへる事手術多しのちにその端をあらはせ

神の論ハ継天極を立一氣のそしめにより自然に起る令命の正名を聖慮をとりて号令せしのミ

皇國の大占と唐土の易とハ天功の備りにして人意の作するにあらず聖神授けたまふ

國家の大寶にして秘するにハあらず早卒に玩ふ時ハ至妙を得ざるのミならず神慮を穢すそにいたる

世の才子を愛し道を論ひ頤を傳へて倦まざることハ猥に妙境を半途廢にたへしゆまむ

所深懼慎故　イトイトヲソレアルユヱニ

示其目而已　ソノコツチヲシメスノミ

是太占苗圖　コレハフトマニノハジメナリ

勿誤松樘壽　アメヲシノクタカギモ

為顕神傳故　モトノメダシハダヽフタハナリ

天神の罪を蒙るのミならバ却てその身ニ害
ありまへニふるゝく抑それを泄しむいそれあり
其目ハ天地火水のミなり変化きハまりなし
孔子の緯篇三絶ニ至る深頤のをしゑあり
天地の理を定むる極めなり伏羲大極を立動
静を分ち四象八卦と方位せしと同義なり
天を覆ふ喬木といへども種苗ハ只二葉なりふた
ばなる苗芽をめでて早卒ニきそつる事なかれ
松とひさぎハふた葉の分ちなきゆゑを見分ず
して捨ることなかれハ他國の法といへども善ハ
誠ニ善し蒸氣寫真古易の天理ハ宣長ゞ如
く言もてそしるも真心ニハ非ずとおもへり
神ハ心なり心の傳へがたきを傳授といふ師より
教授のことゆゑ軽卒の心得あるべからず

暫譬易之義（シマラクヱキノコヽロニタトヘテ云ナリ）

紙上者目也（コヽエシルスハコスジノミナリ）

不潔齋沐浴（モノイミミツソキナサザレバ）

神傳不許也（ミツタヘハユルシカタシ）

●

一為天也

易之乾巽两

之体與用也

河洛ハ易の起元天一地二天三地四聖人之に則る
太占と大同小異なる故に四元の目を顕ハせて
●瑞木を以て仮に制をて四角にして一の下にて
四二の下ハ●●●の目ありて変化きはまりなし
心を清め道にすゝみ潔きまつり務をなすべし
湯あみそのいみし真心なくては学ひに益なし
人生なからにして知るものにあらば喰のびのる
むぞしてはかりに益なし學はよろぞ
一を天としハ乾を天としと同義なり天徳の廣
大なることを曾て云處うらび黙して悟り得べし
乾ハ健なり君とし父とし龍とし馬とす巽ハ
用なり東とし木とし青とし長女とするの類
体ハ萬物の體なり四大ハ天地火水の体也人心を
則体なり活動する則ハ用之千変万化の働を用とす

●●

二爲火也

易之離震兩ハ

二を火の目當と爲きハむるなり火徳の活動物としてを蒙らざるハなし体用をわきまへざれバ解しがたし

離の体を南とし中女とし雷とし火とせるなり活用ハ東とし青とし嫡子とし龍とせるのみ

●●●

三爲水也

易之坎兌兩ハ

三を水の目當とス水まさに火徳よむとしし水火相混し萬物を生じして止らズ上善ハ水の如し尤哉

坎を月とし水玄武の亀とし冬とス用を小女とし口説とし白銀とし澤とせるのみ

●●●●

四爲地也

易之坤艮兩

非レ云レ然ニ譬ト也

四を地とス鏡の下に位し天の氣をうけて萬物を産出し柔順にして母徳そなはる也へ坤り准へ大輿とし平地とし小春とし各畜とし牝馬とし山とし止るとし勞とス

易と大占とハ一致にして天地の自然を表したるものなれバいつれも勝劣あることなし

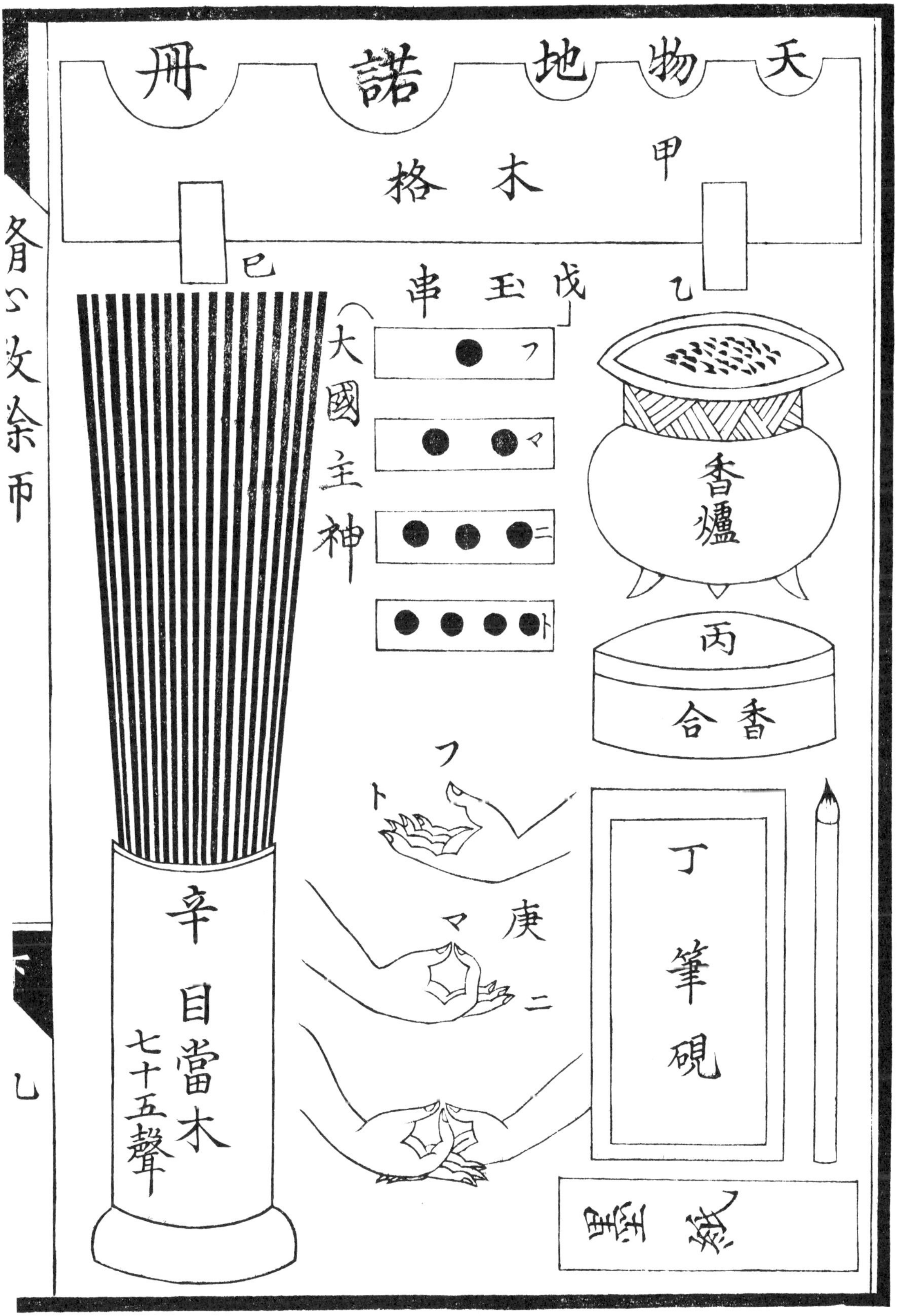

天物地諸冊
甲
木格
己
乙
戊
玉串
大國主神
フ
マ
ニ
ト
香爐
丙
香合
フ
ト
庚
マ
ニ
丁
筆硯
辛
目當木
七十五聲

太占

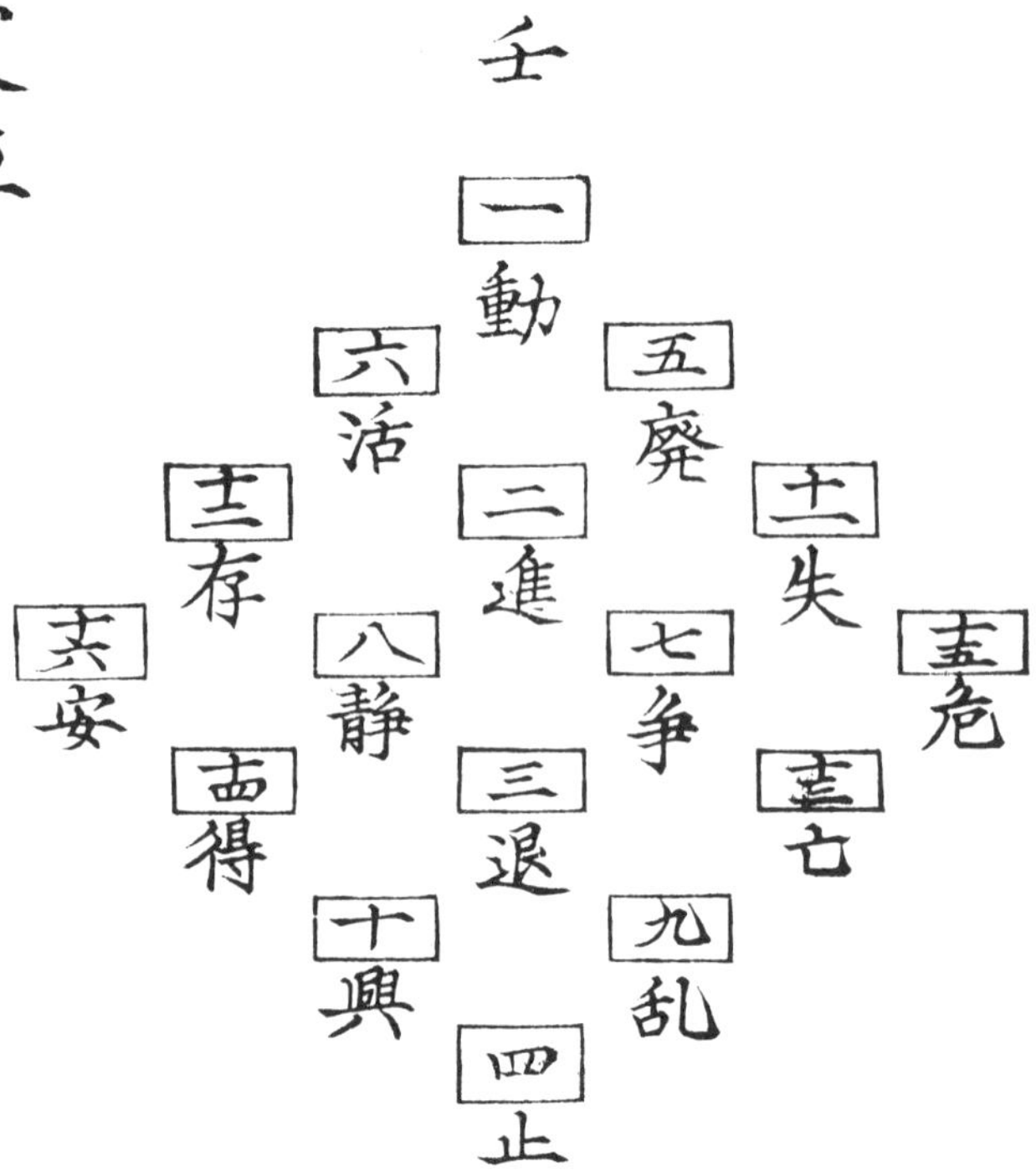

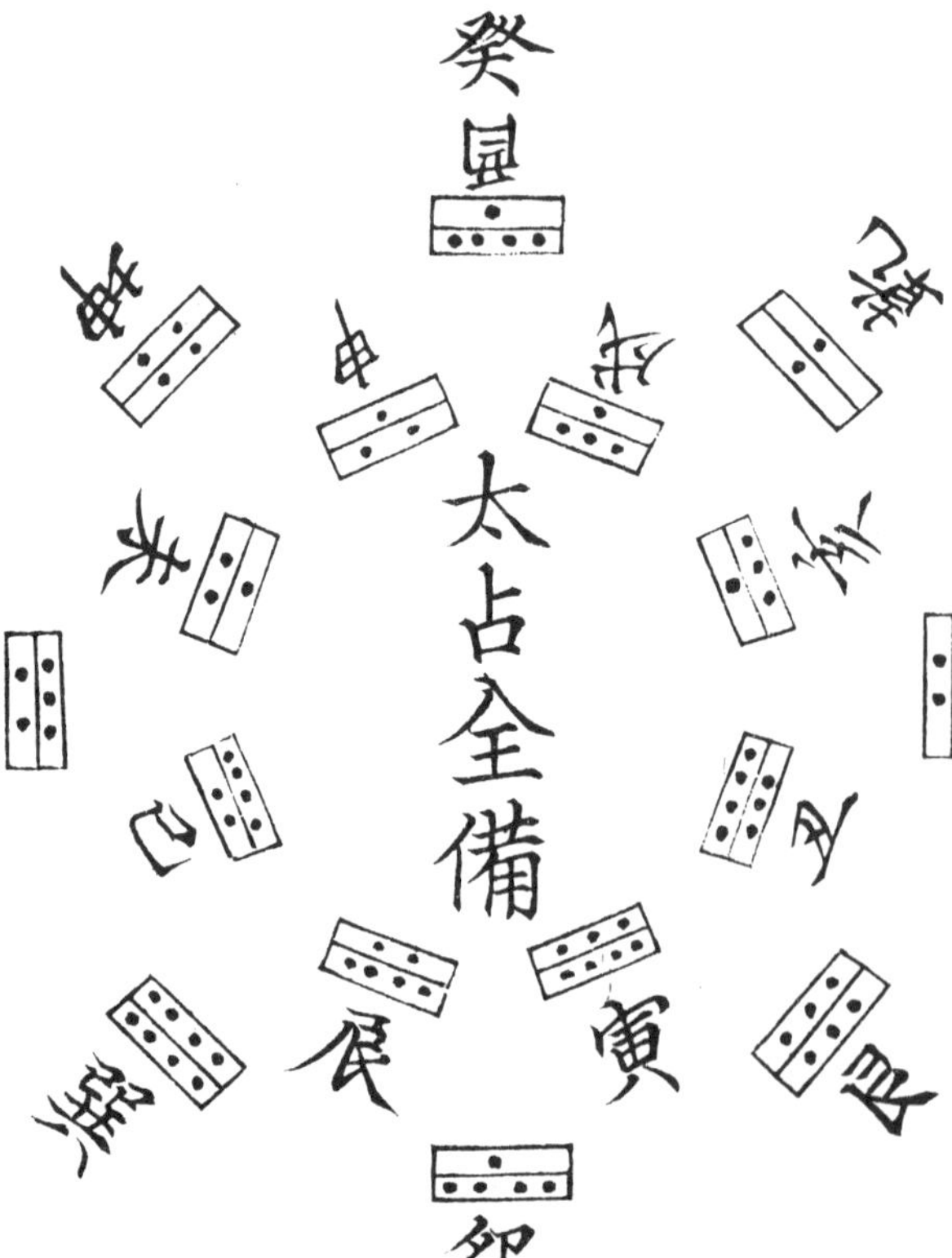

定位

太占を占べるとき机上の具なり甲ハ木格乙ハ香爐丙ハ香盒丁ハ華硯墨紙戊ハ玉串庚を指頭ふフトマニの形ち備る象を置せり已ハ目當木辛ハ筒 壬ハ太占乃定位癸を太占の全備なりこゝより至て周易と大同小異筮合せ筮者南面し占者北面して其占へ

る所の願望を演舌す筮者それを聞て龔(つゝしみ)て神明に告けまつり
祝(ノリト)終りて蓍を香炉の中にかざし アヲウエイよりカキクケ
コまで心中に唱へ無念にして一蓍を右手に取り天の之坐
の一小格より抜きて一蓍をとりて地の之坐に置まて一蓍抜
取りて物の之坐にをく是三才の大極なり残る七十二蓍を分
ちて木格冊の之坐へおれその中より一蓍を取揚げて左
手の蓍中へまじへ諸の之霊とまて四數を以て揲へ拂ひ一本餘れバ
【・】とて定め二三四と餘まれバ水火地と定むきして其蓍を諸の之坐へ
置冊の蓍残筮そろふる諸の蓍の如し四本あまれバ【・・・・】地と定
め【・・・・】【・】とむすび第一の坐へ置危と占得る是第一営のはじめ也
順々十まで六扁して一占とし悉くして定位に違ふを見て吉
凶悔各を判断すること太占啓蒙に表す口傳多し
【・】
【・・】
【・・・】
【・・・・】
此一結ひを崇ことす フトマニの象十指頭に自然に
大國主神と唱奉る 次に庚ハ 顕るを畐す変化無窮

左手の親指圖のごとくまげべ上より[•]ツ下の四指[••••]卜の象となる右手を圖のごとくにぎりて親指と人さし指にて○や[••]の象をなる外の三指は下に位して[•••]二の象となる天地日月を玉の如く掌中に備るぞ遠くは物に取り近くは身より取ることすなはち身中主なり亦掌中より自在をなすと云義にて易を掌中に配當して軍旅馬上より吉凶成占ふが如し笑ふに屋きに似たりといへども左に非ずて意味至つて深重なり真人に非ざれば傳へがたし占は誠あらずんば益なし寂然不動にして玉を結び坐する則は肉身伸びて天に通ふ是なり孔子曰変化の道を知る者はそれ神の為る所を知る歟賾を探り隱れたるを索め深きを鉤り遠きを致し以て天下の吉凶を定め天下の亹々(ツトメ)を成して壬に十六位を圖するは占べ得る[••/•••]の一筮を其數にあたる所へ置なり進退動止安危は定位なり一二三四は占変なり癸は太占の終なり其中間萬物の數ありかなんぞ多端にして変ありあらはしがたしゆへにその

本邦古昔朴（ワガミクニイソノカミスナヲナルヿ）
瑞莖與太占（ミヅクキトフトマニトヲ）
相存證現身（ヲコナヘレテウセミヲミガク）
曾不假漢文（カツテカラフミヲカラズ）
應仁帝御宇（ホムダワケノミコトノミヨニ）
崇文法儒術（フミシリモノシリトアガメテ）

大概を示その〻方位七曜日〻の善悪吉凶ありて人々
崇るといふ説周易太占ふの其元説あることなし
そのかミ草創の世ふ〆〻人の性質朴ふして何事も
あからさふ唯ありありしく伝へ来りしとなり
太占の法をもつて瑞木を組なし古事記の神典
を七十五声ふ配當し是を現の身中主ふ證し
相存（アイナカラ）為し御代を聖皇よりまさしくふいたるまで
明らかふ物事を見聞治まる大元となしたれ
漢文渡り来らざるされバ心覚ふ一二△｜‖の形
字を彫（ホリ）畫て言語の處用を認て通用しけるに交
天朝へ大陽の神皐なるを尊ミ他邦より方物を
獻し朝鮮王王仁をして論語千字文を獻貢せ
應仁帝神武の高徳ふまし倚して儒術の天理を
賞したまひ仁徳帝ふ至りまつ〳〵儒教を信し

あひ國家の宝となりなに其仁恵四海にあふる
中つ世紀の朝臣貫之のころに至て過半儒法に泥
み詩文章に恣をゆだね貫之是を一激（ミナギラ）まして雖も
尚蕩々として止ず本居宣長是を歎き諸書を
著し理害をわきまへ喩をへだてゝ各主汰乃
皇朝に妨ある故をとりつくのみなり

日ニ漸ク化ス蕃教ニ（ヒゴトニヤヤカラノサマニナレテ）

翁莧残されて下問を恥ず亦新書を賞するは
またよれ事あり萬國来聘のよれに至てれ
其善あるものを採る時の權なるべし蕃法諸
說も古人まで賞せり宜を見て学ぶは勇者の
常天下の英哲を敬愛し惑をとれ彼を知り
是を知りての事に懼まざるにはなる

堅心碎ケテ爲レ粉ト（ヤマトゴヽロハクダケテコトナリ）

皇國の学ひをさしをきれ他邦のまなぶり
堅心碎け半塗に迷ふもの多し

己有利尊奉
ヲノレニリアレバヲシタツトムニト

如神明君父
カミノコトクキミノゴトクチヽノゴトクス

已無利卑敗
ヲノレニエモノナケレバイヤシメヲトス

如鶏鳶狐狸
フクロトビキツ子タヌキゴトクス

私欲動鋒楯
ワガマヽニイクサヲヲコス

民亦恃戈覺
タミモマタタノムバカリコトヲタヾシミニス

晝夜周旋苦
ヨルヒルノシアカラムトクルシミ

我爲に利きことハ水戰蒸氣大砲火輪のるいにて之を
得たるハ途學の徒其師傳を尊ミ奉る也
師を尊むハ礼なりさりながらあるべきをるまじきなれバ師と
弟子とのちなみハ能く考へて其徒に放心してあやまることなかれ
賢者ハ宜く上位に在るべし小人位に在れハ人民を
亡ぼして其身の爲に利せんと欲するもの論ずるに足らず
卑敗げ果て鶏鳶狐狸にひとしく是通情にして
終に悠々たる行路の者となる也
小勇をたのミて礼義をわすれぬる青書生輩七書を
讀ミそこなひ無名の戯軍を企つる者折々ハいでく
陰謀を工む頑賊一郷一郡を劫し無宿の蒼蠅
を驅り集め富家良民へ暴入し金帛を奪取
縣令地頭より時刻を移さず出勢ありて盗人の
命の有れハこそと日夜集散周旋の苦しミ初めよ

戰々兢々悲
タヽカヒニコヽロユルサヌカナシサ

天壽自夭折
イノチモコレユヱニチヾメリ

故貽惑慾路
ホシヤヲシヤニマヨヒテ

強先利爲要
シイテワガエテヲサキニス

樂所以亡已
ツイニミジマリトナルノモシラズ

ハ勇ミ立たる悪者ともハ朝に奪取る金帛ハ夕にハ官士の分捕となり昼ハいきほひ競たる強盗も夜ハ帯疵の怪鬼となり戦々兢々の苦しミ後悔先に立ざれバそのあさましさ憐むべし

毒を知りてどくを呑む至愚ハなきと思へバ近来ハ屢々あり現き出恥し犯世には移りけるもの

教ねハ親の過り学ねハ子の過り天壽を終らで夭折する事返々も悲しむべし

孔孟も欲路ハ解玉へとも小人の欲とハことなり君子の欲ハ施仁小人の欲ハ掠め奪ふなり

真人ハ難きを先にし安きを後にも小人ハ偽り欺きても強て利を得る事のみを専要とす

爾に出るものハ爾にかへる奪得たる財帛ハ空く分散して快樂の間もなく元をうしなふ

殆ト善悪異ニ名ヲ（ヨシアシノイキヽモシラズ）

雖ニ名教善器ト一（タトヘヨキヲシヘゴトナリトモ）

欲人用之則（ミノエテニツカヘバ）

變メ而成ル悪法ト一（タチマチニヒトノタメニアシクナルヅ）

是各主ノ法ニ而（コレハヲノレヲモトヽスルカコヽロナレバ）

善の善たることを志ま八是悪のことと誰かおもしく
弁らんとせることハ非ず誠なるれども必ず違ふ
仁義孝悌の名教西洋流の器械を以て孫子
呉子をならふ智ある人善き器量とハいへども
耕稼陶漁より以て帝たるに至る又庶士より
将位に昇る者堅哲の名ありといへども約る所ハ
欲人多し故に今の諸侯ハ三王の罪人なり
周公伊尹の志を凌ぐ人ハなしと尊とし
為るる有りの亦かくの如しの欲人奇策を設
呑國の業をなせバ傍よりハ変して難義と成人あり
堯舜を徴して帝位を譲り孔子に皇帝の謚
ハり 皇國の風上にハ置ぬ論也忝もあれバ
皇神の大皇命のまにまに 天津日継の高御坐
天津日継と共に無窮に動玉はぬ王系の萬億

歳の後にかくさせ玉ひ臣連伴男八十伴男國の造伴(ミヤツコ)の造縣主稲置より蒼生乃末にいたるまて皆大皇命のまゝなかし己が位階に安して君臣上下の定め正しきる墨縄を引るが如し人は則天地の子なれども悪事をなして其元なる天地の理に背けは忽ちに禍をうくるなり善事をなして天地の理に叶へば忽ちに幸福を受ることは世の車夫舟客に本より知ること也

末(タ)一致ノ大法ニ（ヒトツニウメヤウミチニハアラズ）

一致の神典をさしおきて各主の異法に依るは より兼永天慶のむかしより慶長元和の年暦まて凡八百年余り暫に兵乱の治るひまいなかりしより應神帝の御宇より外國の者ども數多まゐり来り彼の國の書ともに 皇國に渡らせ来りて継々其書ともに習はせたまひし儘り

苟主已先利（イヤシクモヲノレヲメデヱテレニスレハ）

不奪不饜矣（ススミトリテモタルマジキナリ）

其元なる大皇教は志も朝霧の深霧の中に
陰まて今千歳餘りか間誰志る者なかりける
押並て彼國を宗と学び上にも甚く用ひ玉
ひ下か下までつきしくに彼の國に移り行て
自ら神代の大政事よ違ひたまひしる共
多かりされは三等の間一和せずして凶事内に
おこり乱の兆となることもあらん上古創業
以來傳へ玉ひし此世々の天皇受継せたまひ
重く尊ミかしこミ玉ひなら安に安く幸か
まし證しある皇鏡に帰りむかひなん

利は小人の念する所とは人どもも道理に叶はざれバ
身には注らで只道義によるべきのミ
倹約をさまにとまる者に長し下愚は盗人となり
士は聚斂の吏多し次には表向は役人内意心中

故ニ愚民ハ見レ利ヲ（ヲロカナルタミハエテニヨリテ）

迷ニ通商交易ニ（カ子マカ　ワザニ　マヨヒ）

儒生ハ見ニ名利ヲ（フミヨミヒトハナヲアチムトテ）

迷ニ詐謀蕃法ニ（イツワリノカラブミニマヨヘリ）

雖ニ善名ト必亡（ヨキナナレトヒカナラスホロブ）

の虫ニ劣る所行なりまた見へたり盗せねハ主人と馬牛りの諺なりされハ人あるうれとむかしのてあり

庶人の金満手代共のなり上り金のちからを仮諸物を買ゝ高直を醸し多分の利を得るその多し

近年異國の通商とて數舞来り強欲無心の所行盛也亦我國の小買ハ已一箇の利分ニ迷ひ國禁の品をとも多分の賄賂を以て賣渡し古外の高直ニ至り諸人塗炭ニ陥る哀なれ

儒医の輩ハ西洋の究理新書ニ迷ひ種々ニ心を砕き漢書渡来の初め同やうに心浮立未理害も弁ず今英哲徳を施して四海を帰伏なさしむ誠とやいはん詐謀とや云ん正否反掌ニ似たり心得べし

利を先んする商人ハ二人ハ利を得八人ハ損し儒生いかゝ騒きの者八人ニして国用ニたつ者一二人

天地無窮也（アメツチハハテナシ）

結局通觀而（ヨリシリクリシテ）

莫用私欲法（ワガエテハカリヲシタモマフナヨ）

善悪共莫積（ヨキモアシキモツムコトナカレ）

積即罪同儀（ツミハツミトヲナジコトナリ）

にあれば善名ありといへども損亡多し衆生乃不覚は是非なくされと儒史の横亡は抑しきるべく

大體の天地は壽も無窮魂もまた大ひなるらん明界暗界限量なきの説至當なり

あるひは結局を通觀するは明界なり少しく通觀せざる一身なり一身は則皇鏡の身中主なり

欲を知らぬは身をたもたぬ儉を守るは君子の常天禄の入を見て出るを量り八人の口を欠ぬやうに心得をれ外誘の依怙の欲に罹ることなかれをまも口ではいへども出處をみるのは私欲と恐慎むべし

善を積むすら多きといふには非ず積善は出来ぬものなり悪はせぬやうにても自ら悪に陥ることまゝあり寂然不動の誠意を存するときは時々刻々道義に當らざるはなし何ぞ善悪の小事に拘らんや

未有積不崩

雖鉄城必壊

雖名誉必亡

三皇五帝尊

雖盛徳殄滅

況於其庸輩

満れバ欠け盛なるハ衰へ始めハ賢ふして後ふハ愚なり親かせぎ出さん子ハ樂をするゆゑ忽れ

剣閣阿房の要害ありといへども楚人の一炬となる

仁者ふ敵なし何ぞ城郭をたのむことせん

和漢とも先代の勲功名誉ふ依て創業せられし城郭も只今唯時鳥の飛あり

三皇ハ伏羲神農黄帝 五帝ハ堯舜夏の禹王殷の湯王周の文王なり尊といへども絶えて其高祖たる人々ハ聖徳ありてとこしなへまします(る)を治めしも時をうり時来りて各主法の者起れバ又殄滅して

王公すら轉変あり況や庸人心得ちがひの輩朝ふハ士官あり夕ふハ帯罪の浪人となり放蕩無籍の者ハ獄ふ下り斬罪の鬼となるかその父母妻子の歎き悲しむこと若干をしらず

雖一時顯名（ナヲアゲタルモノシリノ）

有後者鮮矣（ヨツギノコナキツアハレナリ）

無後不孝極（ヨツギノコナキハカミニミステラレタルニ）

主已積名譽（ヌシハナヲタテ、ホマレヲツトモ）

何其不壞耶（イツマデモ　モツヘキカハ）

文武両道に名譽の人々和漢ともに多きが中に後嗣なき家まゝあり温公家訓ありよく／＼味ふべし

子孫繁栄は人々願ふ所なれども長者に三代なしあゝ人の大患名家の後を尋よ

古しへは世嗣なければ家絶しとこれその不孝の極なり神代の昔より血脈たへずて相續ぎきしその身を今世嗣なければ産靈の神の守りにも尽果りしものなるなれば心根より求子の幸にあらんゝ

譽に積ざれば名を成にたらじ吾ともに成業をて遂まじは傍に甚く困窮せる者あり人によし吾もよし二人の善これを真の善といふ孔子これをおめく仁とのたまへり

國家に教道満たざれば人氣和せずして恥あるし

詩にいはく朝敵惟伐東夷惟懲と

是不擇王姓（コレカバネヲタテズシテ）
憑各主法故（ヲノレヲセト、スルスラブリナリ）
皇國布其教（ヤマトノクニソヲシヘヲスルハ）
不可不辨矣（コヽロヘワキマヘズテハナラヌ）
儒家宜察之（モノシリタチヨクアキラメ玉ヘ）

罪神明所忌（ツミハカミノイミ玉フトコロナリ）

萬國を観通するに王公の性相續く国は少し各主法の国九分に居す皇帝血統不断の国は漸一分なり奇談に云堯舜を揚しより代々反謀人不断と此言妙々なり國を保護すること の思ハおぞんべある處ならば儒方最あしきにハあらねど孝悌仁義の教天直ハをを得ると云つべし吾が鏡の五等則ハ是なり彼にあげまいこれに害あり物を取るに両つながら全からば已に利あらん事を念（ホリ）すれど先に得らるゝ事なり寶祚無窮の皇國に三教一致鼎足の一大任に位し聖教を事とする人々韓蘇の膽を志あり補公英の心根ありそゝぎ一洗の古代を富山の安きに御き　宸襟をやすんじ奉ることを荷ませ

奢侈（ヲゴ）るものは必ず怠る奢り怠まては財用足ずて悪德日々に積りて神明の罰を蒙る

去罪積ヲ唯修ヨ（ツミツミヲサリテタヾナラヘ）

麻柱至徳道ヲ（アナナヒアナノフノミチヲ）

麻柱至徳者（アナナヒアナノフトハ）

隱徳之甚也（ヲノレフタテヌノイタリヽ）

偏仰天朝命ヲ（タヾミカドヲアフギマツリ）

尊敬伴男令（トモノヲノミコトヲイヤマイ）

諸の罪悪を作ることなく善を修め天神の命を奉け行ひ孝悌忠信思ひをして自ら法とせよ

麻柱ハ高殿などを営む時の足代なり師を頼み経書に憑ハ足代なり君父に事るハ造営也動揺周旋道りに當るやうに修し得るを至徳といふ麻柱ハ古しへの譬麻のをしらもて足代せしなり

麻柱至徳ハ則巳に克て禮に復る也何となれ天真の如く旅ハ道連世ハ情けアナナヒく誠を盡巳に克て忍徳に篤く隱徳を法るのみにして顕徳の仁政に俗し其稜威に草自らかしこふくす

日月五星の周り旋るが如く行度の紀律一秒も違はず皇命を仰ぎ法とくたてまつるになん

古昔将軍家の草創ハ奈良柏原におゐて饒速日命より始るとや名法ありて伴男と云武将の

そしめなりその威勢速日の射照が如く國土
に融りて萬民生育(ソダチ)竈(カマド)饒かなるに似たる

領兼國君恩
クニツカミノミフユヲウケテ

國の造伴の造の政事の恩頼を兼奉りて鎖ぬ
く代に鼓腹し斯太平をまもるとの有がたけれ

外患盡命報
ソトニハミヲツクシテ　ムクヒ

倭魂たまきかさらん處々に顕すことを愚夫愚婦
も亦腕藤の怨あり命を棄るも何ぞいとはん

内議宗和親
ウチニハ　ナカヨク　シテ

天地の和(ヒラキ)も人氣和せざれば西征のごとし和されば東征の如し　君公神武にして奇身雄身多
身一體(ヒトツ)に宗あい岩楠船に手力男の神は玉
垣の外をまもりたまふらん

慎守天然業
ツヽシンデナリワイヲマモノ

士農工商とるに生を得たる父の家業を守り
外を私がはざるを天然といふなり

夫誠一正直
ソレヒトノサガハスグナリ

誠は天の道なり之を誠にするは人の道なり誠あれ
はかるからずて正しく正しければ自ら直也故に正直は一旦

人心之所歸（コヽロノヨルトコロハ）

願天下太平（アメガシタタイラカナランコトヲネガフ）

尊億兆一致（ミナミガウタアハンコトヲタウトム）

希萬戸一家（イヘイヘヒトツコトクナランコトヲ）

欲天齢長壽（イノチナガカランコトヲノゾミ）

の依怙にあらずといへども終には日月の憐をかふむる
人は一心の誠を以立也直なるされば傾く正直の人は立之
誠の君公は人を殺さず人を殺さぬ軍師とはよ
良師の軍なるゆへは士卒随ふなで是人心の帰る所也
天下太平は上下一同朝夕祈念しまつる故にこゝ在世
代々芽出度皇統を為継仁政の徳沢を浴し
たてまつり萬民鼓腹の世を過しきぬへの末まで
何ひとつ欲るところなく實に有難きみ恵ゝなるぞや
君に忠なるに臣下萬民にいたるまで誠忠一致を
胸に脩めてあつく禮義に志をはるむべきなり
右の真心をそなげゝ勤め互に相志ざしむ則は四海
みな兄弟にして萬戸も一家にひとしく
天津ゝ空の壽星より齢をとゝのへ人に與へ給は
んことを欲せば只養生と隠徳よよふにそのなり

存子孫連綿ヲ（コマコトワ、キユカシタクヲモヒ）

これ衆人の望ミ存まする所なり貴上とのへども嗣なき人多しこれ又積善陰徳の外求子法なし

故富貴歓樂ヲ（トミテタノシミコリタクカマヘズ）

富貴にして歓樂せんことを思ふハ心得違の小人なり臣士たる者爵禄を頂き王業を佐け奉り庶民を安撫し濟世の道に致さしたるべし先難て先以然して自富貴に至り自ら歓樂の場に至べし故に之故て求む

祈無病無災ヲ（ヤミワヅラヒナクイノリ）

真人に災ハなし其種ハ蒔ぬものなり又病も少なし燕養生の法を弁ふが故なり是祈ることの久しきなり

宗一和信純ヲ（ムネトヒトツニナカヨクシテ）

一家和合して信純を尽くれば主人の家訓にあり大を云時ハ一洗大改の日誌の法を尊る家もべし

證無究安心ヲ（ヒタフルロ、ロヤスクミスマシ）

右一和純信に因る時ハ無窮安心を證まと是るなり少しも侵し譲るとも天誅立所にいたる

無鰥寡孤獨（ミナシコヤモメニナルコトナク）

是ぁの窮民を云のことにあらば神聖の黎民を然ることのみなり造物主の生育を成すのみがごとし

好風雨随時（アノカゼトキノヨロシキニシタガヒ）

風雨随時ハ天神の好ミ給ひて之を働下さるれども旱魃あるハ密雲にして又ハ雨ふらずして風を催し霧をむし出し雷気を起し或ハ程よきハ一和の時を得ざれバ中〻に思ふやうにハ行ぬ世界なり

成菜穀豊饒（タナツモノヨクナリアカリ）

いかなる大旱りたりとも人の食料の絶たるゝと云ることなきものなり大都會の裏屋ぐらしまで旱それに青物なしとハ居らぬを見ますれバ何處よりか作り出して送りし行届き豊饒をなしたり

除饑餲凍寒（ウヘヨゴヘスルコトナク）

饑餲凍寒困窮ハ人々好まざるなり不具のものかせぎなし人並の者其場に陥ハ父母の教たらじ乞食非人となるか是非なし亦苦戦極難の場に至りてハ曹操ハ青梅林氏ハ滑泥水なり

顯内尊外早（キミヲイツキカシワキマツリ）

夫我國ハ東方首に在りて大陽先照しあひ次第に西洋諸州に至る人體にしてハ頭脳之神ハ霊液

使諸蕃歸伏

アミンニトモヲマツロハシメントナリ

中に舍まて恐きや八隅しく吾　大君の志らしめ大皇
國ぞ實に天地間の第一の保国真保国美國になる有ぞ
中世の形勢を考ふるに外國覬覦の念ありて時々
来港ありといへども漢土和蘭の外嚴禁ありて
敢て交易和親を許されざりしに先年亞墨
利加王使交易和親の条を申来るよしを得ざ
申募るに依て暫く差許よ相成る所追々諸蕃入
港事件場廣よおよび　宸襟安からざりし在せられ
なさけども寛廣の御所置をもつて商旅を憐愍
の為大政を掌り奉りし故愈以　皇國に微忠
を盡し奉らんことを宗として是に依て國内の
諸蕃に嚴策の誓令を立て取扱ひ叮嚀よ所
置ありせられし故外國一同厚く尊奉して誠意
を顕さんことを欲し諸蕃盡く帰伏し奉りき

此十有六儀(コノトウマリムツノユト)

十有六儀ハ十六菊の章(アヤドリ)を表し八嶋奴士美表裏の神を配し萬世不朽の祥瑞を

 カノ局 四大  サノ局 アノ局 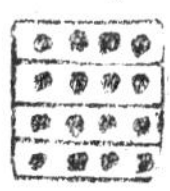

 クノ局 (す) サノヲノ命 ウノ局 

 キノ局 妙用  シノ局 イノ局 

須佐乃男命櫛名田姫以久美度ニ起りて生る所の神ハ則皇鏡のあきいうらく　ゑさの妙用ハあハ天地の實躰則地の目當也きハ高貴清明則天の目當なりいハ至留の位現在大剛強則地の目當なりかハ光耀微細無形即天の目當之うハ活動產靈の根元即ち火の目當なりムハ什畄清濁即水の目当なり志ハ火の活用即火の目当なりきハ水の活用ゑゐつもり水の目當なり右の

欲スルニ忽チ令ト成就セ（タチマチニナラシメントニハ）

神機有妙談（クシビニクスシキヱモイハレヌ）

今少發カン其端ヲ（イマスコシクソノハシヲヒラカン）

謹敬勿レ先加スル（コトダテタモフコトナカレ）

四大元の妙用を自得して是を活動せしむるときは
を知らば天地の間事々物々掌の上に回らすべし
心縦ある時に止めざれば太占の太占たる事を知る
事能はず神聖尊の世をしろしめたまふに改を
あるまでなし神代に通徹してその奥旨を悟
ることのならざる此場に至るを云なり
善きことは寛にすべきのしかども上智には少なれども下愚
にはまゝあることなり過て改るに憚ることなかれ
諺に云木に餅のなる振あることは見聞しても有らし誠意
を深くし学び務れば其報あるの外はなし
試みに其端を論ふ時は當時の人気を棄て心を
大古に帰し左にいふところを深く考ふべし
爰に謹むと云心は人々先入主が妨をなさで故古しへの
質朴の道は聞取がたし外誘を去りて聞たまへ

夫湧出妙水 ソレイツミヲワキイデヽ

世欲消猛火 ヨノモユルヲモヒヲケサントニハ

斷然禁賄幣 フツトシロモノヲタチテ

此妙水ハ心を洗ひ先入を去り公私とも太平無窮
を祈る誠の志より新令一洗の場へいたまるなり
欲情のあるハ誰しも有べきことながら近頃物價
高直のうへ世の中發起人ゝ家族せしなひよ配
慮多し古今未曾有の世となり不二浅間の
焼るよりも甚しく既より東ハ平押のみだれ
となりぬ此猛火を消し玉ハんためこ政一方なら
もてあまし乱臣賊子非禮非義の徒の成所なるらん
世人欲情盛んにして塗炭に陥るも一朝一夕の
故にあらず交易盛にして産物涸まし奸商欲に
耽りて民養の物を竊に賣渡し役吏あまたを
製しそれバ賄賂多分を以て私に移船し国用殆
足らざ依て一洗の御政令厳重におこなひ玉ひ
けふまて是までの東吏役付の望を孫りふあと

過半なりされども邪ひ通は勢には稀に就ことなし藏宿の借金嵩みて残るものは借金をかりにて極難に陥るもの多し百姓町人の願望は利慾一方に志をよりあれど是又後には罪を得るのみにて利徳は残らず人の怨は残りて後かならず悪しく一通の進物は志の實を顕はすなれは有べきことにもゆまれは受るも又理りなきことも多きは底意弥悪し断然と禁ずども為しまさ止るを得ず賄する者もたとへ取置とても許されぬ大事は厳重に禁止すべし強て望を遂し者亦許せし人も暫くの内に大敗を受け恥辱をうくるも目前にまゝあることなり負て且乗る冠の至ることをいたすも凶と古人も戒めたまひき故より賄賂して利を得んとするものに人々に告るのみ是予が聊の婆心なり

而絶官途根（キタナキココロヲ ヲサメ）

三等保産位（キミヲミタミクラヰニヤスミテ）

君下知使臣（キミハタムタキテヲミヲツカイ）

臣受命役民（ヲミハミユトヲウケテタミヲエダテ）

如のきしゞ職業の爲ふ幼年より身ふ藝を附る事ハ勿論なりこれ務る所の道ゝふ精勤ろ元ふして敢ゝ立身の爲ふ多能をもとむるふ弥ゞも多藝の者ハ多くハその要嶺ふ達せるゝの稀なり官途ふもゝまんと欲せる者ハ悪欲也是各主の法ふして甚しく禁せる所也是正ふ官途の根をたゝいれれあり政官より徴出しふなれバ是則誠の神令なりと心得べし

君臣民の三等ハ各其位其産職ふ任し心を名嶽の保きふ如き寂然として不動

君ハ紫微の深宮ふ御座しゝ天ゝ下を大観し群臣の器械観ゝ至誠の政令をのりあたへ臣ハ百等の分位ふ随ひ大小のこと務精一中正の公道を失はず民を使ふふ時をもつて

爵禄無増減（クラ井ツカサトリマシナク）

其位其職居（ソノクラ井ソノツカサニ井テ）

生得行自然（ウマレツキタルマヽヲコナウ）

真人黙識之（ヨキヒトハコレヲシル）

是唯一端耳（タヽコレヒトクチノミ）

爵禄増減なしの説ハ小家へハ不向なれども太平静謐を祈らバ爰ニ心を處へし大切ニ法とむるゆゑでも怛怩多し勝事斗を知りて負る事を志らざるゆ故ニ害その身ニ及ぶ者多し

家厳の業を受継ハ至ゝ安き事なり又自然ニ九備る道理ありさして万世一代の如するハ豈悦さんや

蒔ぬ種の艸木も生ゆるゆありゆハその土の性より萠きそのなれども其のまゝ土培がよく生育そのなりその家ニらまゝ自然の道を行ふハ安くけく志き幸多し

真人ハその位を素て行ふ故りしその外を求めず是自然の理ニして他ニ求るハなきそのなり

此一端のことニして怪力乱佛の妙なる論ひハなし故ニ小児も能弁へ知るといへども皇鏡の真道を履

微妙靈妙談（クシタヘナルコトハ）

筆紙不所及（フデカミノヲヨブトコロニアラス）

神代通徹而（カミヨヲミトウシテ）

可悟其奥旨（フカキムネヲサトルベシ）

於是普天下（コヽニヲ井テアマクモノムカブスカギリ）

ゑす能はぞ億兆一致萬人の心を唯一心に帰することを尊ミまつるにをおひ孫らふのミ微妙靈妙の談や紙上にハ演べがたくバ心を神代にかよハせその奥旨をさとらふべし

微妙ハ孕子に養液を送る臍繊膜の妙靈妙ハ日月星辰行度樞機の妙なり

書ハ言を盡さず言ハ意を尽さず、前条意味の多端なるに筆紙にハ書尽しがたし

神代に通徹するときハ難し近くハ鏡精義七十五局の神靈に謁し奉りなれど明らかに悟るに至る

其奥旨ハ太占の口傳と手術にあまりてハ爰に書著し難し又古賢の方寸にあり深く味ふべし

皇國に生れ古事に通し代々の形勢をよくし臍下に脩めおこのしてのち他邦の学ひも法まびらふに

天子之寶土（ヲヽギミノミクニトシラル）

臣民皆一致（オミタミミナウメアヰテ）

其安心可察ス（ソノヤスキコトヲモイヤルヘシ）

世説議論火（カミマシキロノホノウ）

是非辨明雲（ヲモヒツツロフムネノウナ）

習ひ得べく國用ふ立せる有たき事なりとしるべく
四海の中普しといへども尺地も我々が物とてはなし
悉くみ　天子の皇土なることを自得すれば已に克く
金銀田畑山林とてもあづかり奉るの明らかなり
右等は人々知る所なれどもとかく我のものと心得る
者方々に見へたり知らざれば一致の真心に非ず
世の四民一致のこころにして岩楠船に神聖を護し
奉り四海波静に豊年を渡ることを歓び察る
皇國神政の説より頼り奉り中主を崇め公卿大夫
士庶人の位階に安く居れば世説議論の猛火も
消へさてなん是正しき　惣教官吏賢明の致せ
をも待り出る兆なり
無名の乱暴をなすらん頑谷危道を渡りて官禄
をうしなひ残せる者とても放心をめぐらし正路に

不征（ウタヅシテ）自消滅（ヲノツトヤスシ）ス

内堅如是則（ウチカタキコト カクナレバ）

内外自帰伏（ウチソトラノヅト マツロワシ）ス

間諸蕃交来（コノコロエミシ キタリテ）

需交易和親（サチカヘセント コヒノム）ヲ

前代未聞説（アヘテキカヌコトドモナリ）

何ることを志りて捷径（チカミチ）の横行をなせし心得ちかひの
ものなれバ征罰の行ひ自ら消滅せん

悔悟憤發して心を洗ひ八嶋の中一致の真心齊
しくして國家のうち堅固なりてバ他邦のもの
までハ我國の性潔義氣の勇操ある事をさとり
やゝおのづから帰伏あるべし

諸蕃ハ西洋諸國をと云ふ近年北アメリカ来泊し
始め佛蘭須イキリス魯西亜等交ルゝきたる
安政の比合衆國王よりベルリをして交易を推し
需む幕府祖公の旧制を以て應接苦談ありおよび
好意和親を宗として定約數條およひ下田横
濱兵庫箱館を開く

前のこ代ゝこれハ外國目付として唐土阿蘭陀戛
冬四艘に限り交易の定例をまふしその他ハ

諸般多珍事（モロモロノツラシキコトアリ）

然採彼所長（サレハカレカヨキコトヲトルハ）

非伏使彼術（ミタカフニアラスカレヲツカフナリ）

厳乎（キビシ）く禁制ありいまだ為体ハ未聞の説多く
しくて民養殆ど危し

諸般の器械大炮火薬蒸気写真鏡のるいを始め
玻瓈珊瑚のめづらしき細工その多し

萬國地性の産物種々にして甲乙ありて智ル
同しく勝劣あり奇人ハ至りて数なきものなり

奇工之に准ふその長せし物を採用るハ世の通情
にして何處ル同義なり

今西洋新書を貴び秘密秘法を藏さずして徳を施
しくて四方を感伏せしむ是智の勝れる徴なり

奇法奇術ハ学びて国用にしたつ屋しまたそ
伏するに非ざ我秘法ルまさく普く施行して相
互りに世をたすけ四海とも兄弟にして和親の好情
ある事なきらかなり

知圓心使馬（マルキヲシリテウマヲツカヒ）

知方心使牛（ケタナルヲシリテウシヲツカフ）

彼知精使彼（カレガサガヲシリテツカハバ）

機轉如手足（トリマワシテアシノゴトシ）

以為國家益（モッテタニノタメニスルナリ）

先吾悟國議（マヅワガクニコトヲサトリテ）

然後用儒術（サテノチニカラコトモモチヒバ）

馬ハ陽ニ属して天氣を受け性まどかなり亦龍の類なりその性を志り乗時ハ過なし

牛ハ陰ニ属して性方なり耕も時ハ角々へ行届る自在なり曳ニならしハ坤ニ配をとつて

人の気質を知りてその道々ニ使へバ物ゝ行届る妙なり故ニ孔子門弟子を使ひ玉ふ事論語ニ見へたり

機具を轉る時ハ手足とるニ自在なり国家の樞要ハ良工の墨縄規矩よ志たがふが如し

終日食はず終夜いねずして思ふニ益なし学び習ひて治国脩齊の益とすべし

塔ハ地輪より積むと云諺あり何の一字より起る古事の国議を悟り層々たる鬼工ニ至るべし

今四海通情して萬國一體となるされバ廣く学び詳ニ志りて最も可なるものを採り用ゆべし

於脩齊多益（ヨノタメニナルコトモサハナラン）

身を脩め家を齊るに学ひをなし是を身に
わきまふるに誠ならねど徒法徒学なりしく
役にたゝざるのみか奮發の徒はあらん多益
いやしく况今の詞客の輩の身持酒の上の
悪き蕩して國家を亡せる者多しむかしなれど
幸なきども恐き謹まざらんや

仁義禮智道

是を異邦に求め得るに非ず前に云し通り
仁義禮智の源を尋ぬれば日月晨辰にあり
て明らかなり證しありて孺子も教へざる
に發明せる徴しは月を拜せる志ある證し

非得之異邦（コレラモカラヨリキタモノニテナシ）

其國〻に教の道ありて唱へ方は違へども起源
は一つにしておなし高根の月を見るにあり

原之于天也（ワガクニノムカシモトヨリアルナリ）

故に天に原と云り産巣のゝ神冥々の中より
草操きつけながら草木までも其義讓あり

聖教ハ得ニ然ル所ヲ（ヒジリノヲシヘハホドヨキトコロナリ）

君臣父子ノ倫（キミオミオヤコノミチ）

非ニ聖人之道ニ（ヒジリガツクリタルニアラズ）

天地之道也（アメツチノナカニツナハリアルミ）

故天生ス此民ヲ（ユヘニクニタミニアレバ）

皇國ハ皇國の立極あり他邦ハ他邦の立極あり
特秀の聖人出て國柄相應の教を立たまふ
五倫ハ頗る論孟ニ見へたり我國の人倫ハ本鏡ニて
著明（イチジルシ）しく位階を定めてかゞやきたまへり
天地の間ニ備りある道を世々の智者方琢磨し
堯舜の孝悌より孔孟ニ至りて大成いたされし也
是則余が著せる所の言霊精義啚解ニ詳なり
七十五局の中央須佐乃男命在しまして君臣父子夫
婦兄弟朋友公卿大夫士庶人の位階自然ニ産
靈のミ神の配坐しまひ天津ミ空ハミ空の衢あ
り天文地理人倫一つとして欠洩たる事なし
故ニ皇鏡ニて天地の間ニ弥綸せる以為り
天の物を生ずるニ甲乙あり大小あり賢愚あり
秀て善（ヨ）きものハ至りて少く劣れるものあり

仁知特秀人（ソノチカニスグレタルヒト）

因此道作教（コノミチニヨリヲシヘルナリ）

有忠孝仁義

不由學出者（マナバズシテホトヨクスルモノハ）

亦可謂出藍（ヒトニホイロヨキウハモノナリ）

然非能讀書（サレドヒロクマナブニアラザレバ）

知仁勇みな備りたる人ハ和漢ともに稀なり一洗
皇化の徳澤を明かに施し治めたまふの時なり
此道ハ則天神の道也天地を則とし人倫の極を
立つ道ハ人に遠からず人に遠きハ道にあらず動揺
周施道に當るやう心懸年經ば自然に其場に
至るものなり故に君子のハ幸福来りて災害来らず
をしへて学問もせず教も受ざれども生まれながら
にして知り忠孝仁義を自然りしおこなふ人も稀
にありて世に讃らるゝ人もありたまに生知安行
にして世の手本ともなる人なり
故に人の藍（かゞみ）ともなるべき人なり孔子ともいへども
頌して未学なりといへども吾ハ是を学びたりとの玉へり
讀書ハ人の最も知るべき要領なれバ幼年より
何國にても習ふことなれども親もおや子も子なれど

不レ可レ謂二成人一ト（ヲトナトハイヒカタシ）

體識共備而（ミモトココロヘソナワリテ）

以辨二知利害一ヲ（モチテヨシアシヲワキマヘヨ）

既有二神明ノ知一（タトヘサトキウマレツキニテモ）

恣二其貪欲心一ヲ（ホシヒマヽニムサボリトロケテ）

でハ学びても尺どくしく生じいの知りが多きものなり
心ある者ハ良師ニ親炙て忽ニまなぶべからず
生知安行なれバ善けれども願ハその才ニ志さバ
世の宝となる程ニして文質彬々とありたきものぞ
人品骨柄よくして博識能弁の人あまたバ徹庸せ
られて政事の手傳ニも當たまひし人々も欲を
脊き利と害とを分てちかめを弁へ誠の言らぬ人々
ハ間よ合ぬてもあて恥かしく事ども紀るすなり
各既生を得て神明の智を有ち八百萬の神の
かぞニも加り居まぞ善事を常とし　六根
清浄の用所心と神と守操を取まバくさぬ
やうにちて後ニのけたきるすなり
欲ニ正邪あり君子の欲ハ難き先ニし得るを後ニ
もて小人の欲ハ已ぅ不徳を顧ずて貪りて恣ニす

必相殺相奪（カナラスミヲアヤメアムマル）

盡死而後已（イノチシニテノノチニサソナン）

是善悪邪正（コレハヨシアシヨコシマゴトヲ）

因早不辨別（ハヤクスキトワカタマニヨルナリ）

天道則不然（カミノミチハスナワチシカラズ）

安人有仁利（ヒトヲタスクルニスナヲキコアリ）

三道の教書ハ府庫に満ると雖も欲情に敵せざれ
死を朝夕に決し奪篡（ウバウ）の徒ハ神是を罰し盡
く驅り除くの外ハなし人を殺し己ハ殺され
黄泉の鬼となりふたゝび世に出ることなし
人道を教へず学ばず等閑に育ちて俄に轉動
の時節におゐては先真暗の愚蒙より爰に陥る
君臣相親しく抜群の誉を取る事世に稀なり
是ハ其時に當りて人氣一致するに決するならず
明君自ら勤め大夫士に至るまで常の心懸あり
なるが故也術ハも早く弁へ丹練せざれバ名誉成（ヲ）に至らず
天津ゝ神の御仕業ハ人體草木を養ひ育てあるに
が如く昼夜志ざしくゝも怠りなく生ゝし玉ひし
仁の原（モト）ハ前に云し通利ハよく施し也天道ハつねに
して四時行ハれ萬物生ゝし善に幸し悪にわざ

有自脩守知
コレヲヒトハウマレナカラニシリニイル

此天之所賦
コレカミノタマモノナリ

使相資為生
コレヲトリヲユナイテサキハエヨ

書要正人心
コノフミハヒトノコヽロヲタヾシカレト

教人心養性
コヽロヲオレヘサガヲヒタシテ

禍を降し天網灰々として疎なれども失せず褒貶過ることなし余は推て知るべし

天人合一の理にして脩め守る時は氣機あるなり

譬ば人は一箇の小天地にして四元自ら備り十指頭に顕はれ掌中の玉の如し手術ありて啚しがたし口傳ノ夕しのちにゆるべし

雰圍温氣の包護颶霰雷電地震人には悪寒発熱腫痛潰濃のるい推て知るべし

右雷震風雨の良能を以て閉寒を開き共に資けて諸物を生活し回復なさしむなり

放心を求め性の善なることを弁へ浩然の氣を養ひ心を正しくし皇國の教道に本づくこと肝要なり

人皆我知ありと云ふ志のみして困窮憂辱死亡に陥る者多くして之を避ることをしる事あたはず

をしへ拔跌んじ怠りて性を養はさるゆへなり
思はさるのはなはだしきなり哀しむべし

治而不忘亂
ヲサマルトキニミダレヲワスレズ

王化に志たがひまつらざる頑賊あるときハ　天子
自ら征したまふ様に侍ることあるときなり　聖君の
稜威海外まで溢き賢臣の雷發海内を粛し
天下泰平を奏し賊徒の成行に懲りて幸境に
いまだ戦々兢々たる場に至らんに悔悟して肝膽に
銘じ治りても乱を忘れぬを要とす

安而不忘危
ヤスキトキニアヤウキヲワスレズ

國家既に明らかに治り元の年美を得て安居
せしときは富ても貧時を忘れず安らかにしても
戦國の艱難塗炭に陥りし危を忘れぬやう
倹を守りて相たがひに慎しむべきことなり

有勇無義亂
イサムハカリニテスヂタヾサネバミダル

勇氣ある者は生れつき丈夫にして心も夫に准ずれ
ども親師匠の教を受ずて仁義堪忍の道に勇を

用るを知らざるが故に猥に人を残害し賊徒にくみし強盗をもするに至る

故ニ勇者貴レ禮ヲ（カレマスラオハイヤヲタフトム）

孔子の礼ハ礼義三百威儀三千立居の振舞礼ならざるハなし礼ハ上を敬ひ下にハ譲り恵む義にあり勇ありて礼をしらざれハかならず驕りて礼義をわきまへざれバ不孫至極に至る慎まざらんや

悪ム下称スル二人ノ悪ヲ一者ヲ上

人の悪事を見極め噂するハさして妙なき慥なることも見極めズ口早に風評しさうるその十に八九ハしまひなり諺に云なくて七癖人の仲言をいふなき婦人の意無道の方に贔屓する者もあり悪むべし

悪ム下剛ニテ無レ禮者ヲ上（ツヨキバカリニテイヤナキハアシヽ）

剛勇なる者ハ必不孫なり慎むべし何事も孝悌礼義なき時ハ下愚に属して是匹夫の勇なり智者の為に折き推さるゝときハ危し剛にして礼あらバ佳ならんや

貴義謂之華
スヂメタチタルヲミヤビヤカトイフ

尚利謂之夷
ヱテニフケルヲヤツコトイフ

華夷辨明焉
ミヤビトヒナトアキラケシ

友天下善士
ヨノヨキヒトヲトモトシテ

何克も禮義のうすきハ賤し中人以上ハ猶さら心得べき事なり義理礼讓をたもつ人ハ仁此のごとく其中ふありて愛敬和親し内尊爰ふ備る美人善人中華中國の唱なり

海外へ遠く通商交易し利を得己を富さんとのみうとや商買も四民のひとつふして國用を成といへども仁不仁の二般あり已一箇のためゑり多分の品々を買集め高直を釀して諸人を困窮せしむ宣王利を問孟子對曰王何ぞ利をいはん仁義のみのことと云故ふ之を夷とゆふ

華夷の夷ハ他國をさしていふのミふ非ず仁不仁の辨別あるふ依てなり大小の義を分てハ爰ふ明らえ

萬國有名の賢哲仙史を友として古今の奇説を発明し國家泰平を仰き 宸襟を安じ奉り

尚論古之人（カミツヨノヒトヲナラヱ）

寔用論其世（ソノヨヽヲオモヒヤリテ）

可謂是尚友（コレヲヨキトモトイフベシ）

真人志於道（マコトノヒトノコヽロヲツクスハ）

不成章不達（アヤヲナサネハトダス）

亦古への神聖治國の文章器械の祖工を尚ひ論し
ひ利害をさとらしく治具り備へまつらんる哉
世々の形勢を考ふるに尭舜三代の始末諸邦の
起元英雄僚傑更るく出て新説著書案頭
り充ちて尚後世にそるべし其期を量り知り
がたしゆへり寔用して倭魂不動の礎を丹田
に認置学術祖漏なく微忠を國益に委ね
隱徳を冥々の中に積で正にこれ友を尚ふと云べし
君子の道に志ざしなや学統を撰て良師を求め
誓旨を立夙夜孜々翕々として学ひ金鵠射か如し
文章を工ふし新語を製し老荘を并呑し
十翼を寤寐に揺踊し紫微天市垣の天変
を覚り將星の落否を知り銀液の日光を恐るく
を察し蒸氣の倍力をさとりて鳳麟の出處哉

非(レハ)父(ニ)不(レ)産也(ヲヤナラネハウマレス)

非(レハ)食不(レ)長也(カテナクバヒタセス)

不(レハ)教不(レ)知(ル)也(ヲシヘネハシラヌ)

天地(ハ)父母(ノ)賜(ナリ)(アメツチモヲヤノタマモノナリ)

探り鬼神の情状を知るに至る順路科に満て
篤行し世用に供せらるゝを要す
善事常とし子孫繁栄せよといのるは人々祈るところ
なれども堯の子堯に似ずして六七は劣りがち
なるものなり家の繁昌せるせぬは子のよしあし
にかゝはるなれば育柄と友だちを撰み教ゆべし
食はざれば長たず故にそれし職事をそれげく
勉めて教を受て我養ひ過辱我にせぬべし
習はぬ経は讀まれぬなれば如何とも知れること
あたしかけの損傾る多し故に智なし知なきを愚人とも
身體は父母の賜にして此世に生を受極樂界に
長生せること若干の幸ならずや世禄家徳有
者は勿論たとへ乞食非人の胎に宿るとも是なる
萬物の霊なり橋の下に薦を着て育つとも

為（ヒトノコ）人子（トウマレテハ）止（オヤヲ）孝（トウトヲ）

日新愛敬而（ヒヾヒヾニヨクイヤマイテ）

念悦父母心（ヲヤノタノシミマスコトヲセヨ）

ありがたく心得べし天の賜ふハ日月星辰をそなへ天に属する八政を頂き地のたまものにハ萬物を生々して已にそなへ玉ひ数かぎりなき洪福を戴き世をすぐすこと筆紙の及ぶ所にあらじ道實公の宣天地ハ父母の賜なり父母（カゾイロハ）ハ愛にいまそかる真洲鏡恵の影を移す此身を鳥ハ林ゝに止り人ハ孝と忠義とをとぐるなるべし願ハ大君親恩の大恩頼に報ひ奉らんことを思へ日々に事まつる禮を正しくせよ父厳なれバ子功あり教に責らるゝ時ハ慎て忘れじ敬して怨ず人間の父母に事まつるや教を受るに及ばねども なるを種々教の道あるにこそかなしたれ上の上より下の下まで日夜違ふることなく何事も父母のこゝろ心にかなひ悦ひまし給ふやうにつとむら

事ふ居紀となり此一句を推し名を天下ふ顯さ
程の事ふハ至ぬゝよし公卿大夫士庶人ふ至るまで
押なべて父母の悦たまふゆり天真の怒よ同ひ
務むまバ天下泰平國家安全明らかふ坐させまする
元ふ復るなりけり

清書　駿陽　本多誠齋

脩心教後序

曰若蘭園翁観稽　皇國之神典。仰観蕩々主宰昭々耀政。伏察八嶋之形勢諸神配偶之位階。以顯明其元媲。實是　天朝之寶系也。古昔奉　勅。舎人親王阿禮連安麻呂朝臣近世本居宣長等。遡其

源著書頗多然自神代。不知有太
占寶鏡之傳。迄頃京師之諸子。雖
非無言靈精義之調擇。空抱璞而
不得琢磨之期。偶雖有解其端者
見覆於詞容之口給。則剿而未得
連城之佳名。于茲淡海隱士田翁
保耆耋之齡。閑居而養高志。邃探

古聖之神秘。不顧貴上鴻儒之哂。
著小言一篇。以欲奉蒙 宜許然。
余乞後序。因熟閲巻中。始謂天體
地德中謂言靈寶鏡之妙用。終表
日本文字之神体。教喩人倫之太
道。以欲導使於小童善境矣是概
古人之金語。而擧人識而不知之

説将有小補人情治平之基的矣。頗雖似於婁心盡皆萬世不變之法則。海外一貫之確論也。以明皇鏡之稜威。云明治己巳秋八月

若村長門橋貞彙撰書

金葉集

以登ゝ飛浅古止盈
幸子連八ゝ止ゝ也ゝ毛礼
乃ち志安数ぬ
月残ゝ我ゝ見人後

謹跋卷尾

家翁壯志老

無止勉勵編

成小部書言

路既開述微

意況逢
朝政一新初

源直憲

脩心教餘師　三巻　次刻

本務要録　二巻　近刻

言靈精義　全

太占啓蒙　全

解題

本書は、『脩心教餘師・皇教真洲鏡』と題する木版刷り和綴本（横一五三センチ、縦二三四センチ）を復刻したものである。奥付がないため刊行年月の詳細は不明であるが、巻頭に駿河の本多幹なる人物の文があり、明治三年六月となっているので、それ以降であることは間違いない。次に本書の著者であるが、巻頭には「蘭園田翁集録」とある。蘭園田翁とは、幕末近江の洋学者・田島柳卿の号であり、『近江蒲生郡志』巻八に次のようにある。

田島柳卿は日野の人なり。其先は里見氏にして安房に住す。後本郡佐久良谷に来り赤根善太郎の邸趾に移住すること数代柳卿に至り日野に出つ。通称良輔蘭園に号す。医を業とすれども早く眼を泰西の文物に注ぎ殊に天文地理の学を研鑚し、庭上に天文台を構へ自から望遠鏡を製し、夜々台に登りて天体を窺ひ発明する所多し。又地球儀を手製し大小の列国より海洋港湾に至る迄詳細載す。天保十一年地球図を上梓し、弘化二年地動略説を印行す。柳卿又早く写真術を解したり。安政六年齢七十に達し三月朔二の両日を卜し尚歯会を開き古老を会し席上書画詩歌等を催し且つ自から記念写真を撮影すべきを云ひ若し会日雨天なれば順延なるを報じたり。誰か知らん安政中綿向山下に写真術の新智識を会得せし人あるを、柳卿かく泰西の文物に造詣深かりしも又我邦皇基の振作に勉め明治二年脩心教を著し翌年更に皇教真洲鏡を編し共に梓して同志に頒布せり。明治六年七月三十日歿す。年八十五、正明寺に葬る。一男一女あり。

これによると、田島蘭園は本書に先立ち明治二年に『脩心教』を著している。これは未見であるが、原本題簽には『脩心教餘師』とあることから、本書はその続編的な位置づけとして刊行されたもののようである。またここでは、本書は田島蘭園の著作となっているが、原本冒頭に「集録」とあるように、実際には、中村孝道の秘教言霊学の伝書等をまとめたものである。では田島蘭園は、いかなる経緯で孝道の言霊学という国学のなかでもかなり特殊な教説を知るに至ったのかというと、本書に「望月堂蔵版」とあり、巻頭に「源泰亮」が一文を寄せていることから容易に特定される。大石凝真素美の本名は望月大輔であり、本書の素材となった中村孝道の伝書は、大石凝真素美の祖父望月幸智が中村孝道の高弟であった関係で望月家に伝えられたものであろう。幸智の息子で大石凝の実父である望月登についてはとくに言霊学を研究した形跡もないことから、おそらくは、青年時代の大石凝が祖父の残した孝道の伝書等を再発見し、これを地元の著名人である田島蘭園のところに持ち込んだものと推測される。田島蘭園に関しては『日野町史』(昭和五年、日野町教育会)にもう少し詳しい記述があるが、洋学関係のことのみであり、一般的な復古神道系の国学書であればともかく、本書のような特殊な内容はいかにも唐突であり、この推測を裏付ける。

さらに『大石凝先生伝』によると、明治三年冬、望月大輔は、山本秀道門下の木村一助とともに美濃各務郡の神官たちに「有名無実の神道を廃して真神道を吹聴せよ」と説いて歩き、笠松警察に拘留されるなど、当局から危険人物視されていた。明治三年冬といえば、まさに本書の刊行準備中の時期にあたり、知名度のある蘭園の名を借りて出版したとも思われる。

『大石凝先生伝』には「父登氏は医を家業となし、傍ら多賀大社の神札を諸国に配布するの任に当たられしと伝ふ」とあるが、甲賀の里の村々には山伏姿で配札や薬の行商を営む家がいくつもあった。明治十七年に配札禁止令が出るまで、主に多賀大社と伊勢の朝熊嶽明宝院の神札を配り、多賀坊、朝熊坊と称して加持祈祷をして歩き、「神教はら薬」「万金丹」などの薬を持ち歩くようになったという。望月家の「医をもって家業」というのも売薬であったと推測される。いずれにせよ、望月家は蒲生郡甲賀牧平、柳卿は日野で距離的には五キロ内外に位置し、ともに売薬ないしは医業に従事していたわけであるから、自然に交流が生じても不思議はない。のちの大石凝真素美の霊学に反映される天文学的知識も、おそらくは蘭園との交流のなかで学んだものであろう。

なお、甲賀望月といえば、竜法師の甲賀忍者屋敷の望月出雲守が有名であるが、毛牧望月もその同族である。『近江国甲賀望月之由緒』（大石凝真素美撰）によれば、毛牧望月は甲賀三郎兼家の末子の流れを汲み、三郎左衛門の代に多賀大社に奉伺して修験となり、栗田青蓮院に属したという。大石凝が全国を遍歴したのも、美濃の修験者山本秀道と出逢うのも、このような修験道・売薬のネットワークによるものと推測される。

つぎに本書の特色について述べておく。中村孝道は、山口志道とならんで近世言霊学再興の祖とされる人物で、京都の室町三条北に「産霊舎」を設けて門弟多数を抱え、その言霊説は一世を風靡した。しかし秘教化された部分が多く、「ますみの鏡」を中心とした初伝から奥伝とは別に「瑞組木伝」「太占堅目当伝」などがあったが、その著述にも版本はなく、かつ口伝の部分が多いため、今日でもその全貌は謎に包まれている。その意味で、本書は中村孝道と大石凝を結ぶミッシングリンクの一端と位置づけることができる。

本書に付された「ますみの鏡」には、アイウエオ五声の天津金木による構成が明示せられ、七十五声に見事な瑞組木文字が配され、つぎのような解説が付されている。

左に書著す天地自然太占の四大元の神霊こもりまします、阿の一点より顕れ起りし清字濁字を別に自ら産出て父母相遇て子を生じ都て七十五声の大皇鏡自ら成れる。大日本の真教とは、御室の御所御払の反故の内より出しを中村光道と云人買求て一二三四五の目当木書せしを余探題して左の通に荘厳せし也。故不行届は後賢の清正を待希のみなり

大石凝は大和巡遊の帰途、蒲生郡八幡へ到る船中にて湖面に大波紋の生ずるを怪しみ、水茎の岡山から湖面に水茎文字が出現するのを望見している。同伝によればこの時大石凝は「是ある哉、是れ我が修養せる言霊学の音韻文字たり。然り而して共の変化する所悉く共の形に非ざるはなし」と欣喜雀躍したという（『大石凝先生伝』）。本書によれば、水茎文字は本源的には瑞組木文字であり、天津金木の組合せによって構成されるのである。『古事記図式三百七十五図之内瑞組木倭文字神鏡図』と題する大石凝の稿本によると、「瑞組木倭文字は倭人が秋津嶋なす七十五声を、吹き出す息の形を其儘履行、瑞々しき天津神算木に組み止めて、履行の跡を記したる文字」という。

ただし、後の大石凝の著述には、天津金木による古事記解釈はあっても、修法の実践的手順については記載がないが、本書下巻九丁以降には、天津菅曾、金木による占法が詳述されている。とくにその作法に印契が伴っていたことは注目されるところである。

本書の末尾には「言霊精義」「太占啓蒙」などが近刊として案内されているが、本書刊行の三年後の明治六年、田島蘭園は死去しているので、未刊に終わったものと思われる。この蘭園の死去と前後して望月大輔は大石凝真素美と改名し、美濃の修験者山本秀道邸に再び寄留し、よ

り神秘化された教説をみずから展開するに至るのである。

本復刻書は、大石凝霊学のルーツともいうべきものであり、その理解には必読の書といえよう。

大宮司朗

皇教 真洲鏡

定価：本体一〇、〇〇〇円＋税

平成十四年四月十九日　復刻版発行

源泰亮 撰・蘭園田翁 集録

発行所　八 幡 書 店
〒141-0021　東京都品川区上大崎二丁目十三番三十五号
ニューフジビル2F
振替　〇〇一八〇—一—九五一七四
電話　〇三（三四四二）八一二九

印刷／あかつきBP
製本・製函／難波製本

ISBN4-89350-374-X C0014 ¥10000E